跨文化视野下的英汉比较与翻译研究

杨　芊◎著

吉林人民出版社

图书在版编目 (CIP) 数据

跨文化视野下的英汉比较与翻译研究 / 杨芊著 . -- 长春 : 吉林人民出版社 , 2020.7
ISBN 978-7-206-17520-6

Ⅰ . ①跨… Ⅱ . ①杨… Ⅲ . ①英语 – 翻译 – 研究 Ⅳ . ① H315.9

中国版本图书馆 CIP 数据核字 (2020) 第 168007 号

跨文化视野下的英汉比较与翻译研究

KUA WENHUA SHIYEXIA DE YINGHAN BIJIAO YU FANYI YANJIU

著　　者：杨　芊
责任编辑：金　鑫　　　　　　　封面设计：金　莹
吉林人民出版社出版 发行（长春市人民大街 7548 号）　邮政编码：130022
印　　刷：定州启航印刷有限公司
开　　本：710mm × 1000mm　　　1/16
印　　张：10.5　　　　　　　　字　　数：194 千字
标准书号：ISBN 978-7-206-17520-6
版　　次：2020 年 7 月第 1 版　　印　　次：2020 年 7 月第 1 次印刷
定　　价：49.00 元

前言

语言是文化的载体，它通过灵活多变的表达方式来展现多样的情感。随着经济全球化的发展，各国之间的联系越来越紧密，跨文化交际也越来越频繁。作为跨文化交际的桥梁，翻译在其中起着不可或缺的作用。然而，翻译不仅是将一种语言转换成另一种语言，它还承载着将源语中所蕴含的文化信息准确地传达给目的语读者的使命。由于政治、经济、社会、观念等不同，所以英汉两种语言所包含的文化信息也不同。读者受到不同文化背景的影响对两种语言中的同一事物所引起的联想各不相同。因此，译者翻译概念意义相同，而文化意象半对应或非对应时，若不能准确把握的话，极易出现翻译中的文化信息欠额与文化信息超额现象。

本书从英汉两种语言文化异同的角度出发，探讨了英汉翻译中的文化信息流失和误译现象，分析了造成文化信息流失和误译的几种错误的翻译类型以及导致的客观原因，并提供了恰当的翻译方式。希望通过本书的讨论，可以让译者在翻译中更加注意源文化的保留。在准确把握源语和目的语之间各种文化差异的基础上，根据实际问题选择恰当的翻译方式正确地处理文化差异，避免文化流失，最大限度地保留源语文化，传达文化信息，完成跨文化交际翻译的使命。由于时间仓促，书中难免存在不足之处，还望各位专家、读者批评指正。

目 录

第一章　英语翻译概述

第一节　英语翻译的性质与分类

一、翻译的定义

随着世界经济全球化程度的不断加深，国与国之间的交流日益频繁。翻译作为交际的媒介和信息转换的手段，其重要性也日益凸显。事实上，自翻译活动诞生以来，人们对翻译的各种研究就没有停止过。本章作为开篇章，首先对翻译的各种基础知识加以介绍，包括翻译的定义与分类，以帮助读者对翻译活动有一个整体上的把握和认知。

翻译工作至今已经走过了几千年的历程。可以说，无论是在东方还是在西方，翻译工作都源远流长、历史悠久。但是，对于到底什么是翻译这个问题，学界一直众说纷纭，不同的学者有不同的观点。下面将从国内和国外两个视角来看一下不同学者对翻译的界定。

（一）国外较有代表性的翻译定义

1. 英国18世纪著名学者约翰逊认为，翻译就是将一种语言换成另一种语言，并保持原文意思不变。

2. 美国翻译理论家尤金·A. 奈达认为，所谓翻译，是指从语义到文体在译语中用最切近而最自然的对等语再现源语的信息。这是国外比较有代表性的翻译定义。

3. 杜波斯认为，翻译是把第一种语言（源语）语篇所表达的东西用第二种语言（目的语）重新表达出来，尽量保持语义与语体方面的等值。

4. 英国著名语言学家和翻译理论家卡特福德认为，翻译是一种语言（源语）的话语材料被另一种语言（目的语）中的对等的话语材料替代。卡特福德认为，翻译主要是两种存在状态：一是源语，即译出语；二是目的语，即译入语。

5. 彼得·纽马克认为，通常翻译就是把一个文本的意义按原作者所意想的方式移入另一种文字。

（二）国内较有代表性的翻译定义

1. 茅盾认为，文学翻译是用一种语言把原作的艺术意境传达出来，使读者在读译文的时候能够像读原作一样得到启发、感动和美的感受。

2. 吕俊认为，翻译是一种跨文化的信息交流与交换活动，其本质是传播，是传播学中的一个有特殊性质的领域。

3. 林煌天认为，翻译是语言活动的一个重要组成部分，是指把一种语言或语言变体的内容变为另一种语言或语言变体的过程或结果，或者是把一种语言材料构成的文本用另一种语言准确而完整地再现出来。

4. 沈苏儒认为，翻译是把具有某一文化背景的发送者用某种语言（文字）所表达的内容尽可能充分、有效地传达给使用另一种语言（文字）、具有另一种文化背景的接受者。

5. 王克非认为，翻译是将一种语言文字所蕴含的意思用另一种语言文字表达出来的文化活动。

6. 孙致礼认为，翻译是把一种语言表达的意义用一种语言传达出来，以达到沟通思想感情、传播文化知识、促进社会文明，尤其是推动译语文化兴旺昌盛的目的。

7. 林汉达认为，正确的翻译就是尽可能地按照中国语文的习惯，忠实地表达原文中所有的意义。

8. 王以铸认为，好的翻译绝不是把原文的一字一句硬搬过来，而主要是要传达原来文章的神韵。

以上我们介绍了国内外学者对翻译的各种见仁见智的定义。无论是国外学者还是我国学者，都将翻译视作一种文字之间的转换活动。具体来说，这种转换过程主要包括以下特征：第一，在信息和风格上要力求使翻译作品与原语言作品等值；第二，这种等值应是尽可能地接近，而不是机械地生搬硬套，即一味追求形式上的对等，从而牺牲某些更重要的东西；第三，要注意不同体裁的作品在各个方面的诸多不同，不能千篇一律，也就是要注意各种文体在个性上的差别。

在翻译的定义中还需注意一点，即在翻译这一转换过程中，译者的任务只是转换文字而不是改变其意思。翻译有两个要素，即准确性和表达性。准确性是翻译的首要条件，即译者必须谨慎地遵循原作者的意思，所选用的字词和句式结构必须如实地传达出原文的思想。表达性是为了让译文易于理解。也就是说，译者必须用自己的手段尽可能地将原文的思想清楚有力地表达出来。准确性使译文的思想明确无误，而表达性则使译文生动有魅力。

二、翻译的性质

翻译是什么？不同的人对此问题有不同的看法。不同的看法会产生不同的翻译方法和策略。首先来看看持不同翻译观的学者是如何解释翻译的。

语言学翻译观可分为传统型和当代型两种。传统型语言学翻译观以 19 世纪以来的传统语言学理论为基础研究翻译问题，如英国的语言学家卡特福德认为，翻译是一项对语言进行操作的工作，即用一种语言（SL）中的文本（text）来替代另一种语言（TL）的文本的过程。张培基认为，翻译是用一种语言把另一种语言所表达的思维内容准确而完整地重新表达出来的语言活动。苏联语言学家巴尔胡达罗夫则认为，翻译是把一种语言的连贯性话语在保持其内容即意义的情况下，改变为另一种语言的连贯性话语的过程。

当代语言学翻译观主要受当代语言学的影响，把研究的观点从语言本身扩展到交际语境、语域、语用等领域，认为翻译是一种交际活动。从语言的功能和交际的角度来研究翻译，一般注重的是翻译信息而不是文字，目的是与接受者的沟通。尤金・A. 奈达是持交际翻译观的代表人物，他认为，“翻译就是在译入语中再现与源语的信息最切近的自然对等物，首先是就意义而言，其次是就文体而言”。这条定义常常被人引用。尤金・A. 奈达认为，理想的译文应该由读者的反应来衡量，即译文读者对译文的反应应该与原文读者对原文的反应大致相同。我国著名翻译理论家刘宓庆则认为“翻译的实质是语际的意义转换”。蔡毅也认为翻译的定义应该是：“将一种语言传达的信息用另一种语言传达出来”。

文艺学翻译规则从文艺学的角度来解释翻译。他们认为，翻译是艺术创作的一种形式，强调语言的创造功能，讲究译品的艺术效果。巴斯纳特、兰伯特、拉斐维尔等人是典型的文艺学派，他们认为，翻译就是对原文重新摆布。在我国，持文艺学翻译观的人也很多。例如，傅雷的“神似说”和钱锺书的“化境说”。傅雷认为，以效果而论，翻译应当像临画一样，所求的不在形似而在神似。钱锺书在《林纾的翻译》一文中则提出：“文学翻译的最高理想可以说是‘化’。把作品从一国文字转变成另一国文字，既不能因语言习惯的差异而露出生硬牵强的痕迹，又能完全保存原作的风味，那就算得入于‘化境’”。

文化学翻译规则以文化为重点来研究翻译。持文化翻译观的学者认为，翻译不仅是语言符号的转换，还是一种思想文化的交流，翻译是将一种语言所蕴含的意思用另一种语言文字表达出来的文化活动（王克非），翻译是跨语言、跨文化的交流（沈苏儒）。不少西方学者使用“跨文化”来形容翻译这一活动。例如，斯内尔—霍恩比把翻译看成“是一种跨文化的活动”。巴斯纳特和拉斐维尔认为，翻译研究进入 20 世纪 90 年代，其历史性的转折点是文化研究。

从以上持不同翻译观的学者和翻译理论家对翻译的定义或解释来看，翻译过程不仅涉及两种语言，还涉及两种文化。由此可见，翻译既是一种语言活动，又是一种文化活动。语言是文化的载体。翻译是通过语言机制的转换连接或沟通自身文化与异国文化的桥梁。实际上，翻译是两个语言社会之间的交际过程和交际工具，它的目的是要促进本语言社会的政治、经济、文化进步，它的任务是要把原作中包含的现实世界的逻辑映象或艺术映象完好无损地从一种语言移注到另一种语言中去。

三、翻译的分类

（一）不同视角下的分类

“翻译”这个术语是一个笼统的概念。广义地讲，翻译包括语言和非语言符号之间的转换。我们要讨论的翻译一般则集中在语言上，就是将某一语言活动的言语产物转换到另一种语言中去。整个翻译活动可以按照不同的处理方法把翻译分为若干类型。

就翻译所使用的源语和目的语而言，翻译可分为语内翻译（intralingual translation）、语际翻译（interlingual translation）和符际翻译（semiolingual translation）。语内翻译指在同一种语言内部的不同语言变体之间进行翻译。例如，将古代汉语译为现代汉语、上海话译为普通话、四川话译为广东话等。语际翻译就是把本族语（native language）译为外族语（foreign language），或将外族语译为本族语。再如，将汉语译为英语，或将德语译为汉语。符际翻译指各种非言语符号之间的转换。再如，当我们处在一个陌生的语言环境中，即使自己不懂该环境的语言，但当我们看到马路上红绿灯亮了，仍能解读出其含义。

就翻译的活动方式而言，翻译可分为口译（interpreting）、笔译（translation）、机器翻译（machine translation）和网络翻译（online translation）。口译多用于外交会晤、经贸谈判、学术研讨和参观游览等场合。笔译多用于公文往来、商务信息、科学著作和文学翻译等活动。机器翻译主要利用计算机和其他设备进行，人工只起辅助作用。网络翻译则是随着网络的普及而发展起来的一种新兴、快捷的翻译方式。

就翻译材料的文体而言，翻译可分为新闻文体、科技文体、应用文体、文学文体和论述文体。新闻文体包括新闻报道、电讯、新闻评论等。科技文体包括科学著作、实验报告、情报资料、设备和产品说明等。应用文体包括广告、启事、通知、契约、合同、公函、私信等。文学文体包括小说、散文、诗歌、戏剧等。论述文体包括社会科学著作、政治文献、演说报告等。

就翻译活动的处理方式而言，翻译可分为全译、节译、摘译、编译。全译就是把原文原封不动地照译出来，译者不得任意增删或自行改动，但必要时可加注说明或加序评论。节译就是根据原文内容把原文的全部或部分进行节缩译出，但应保持原作内容相对完整。摘译就是译者根据实际需要摘取原文的中心内容或个别章节进行翻译，内容一般是原作的核心部分或内容概要。编译指译者在译出原文的基础上以译文为材料进行编辑加工。

就译文文字的表达方式而言，翻译主要可分为直译（literal translation，word for word translation）和意译（free translation，liberal translation）。

（二）罗曼·雅各布森的分类

美国语言学家、翻译理论家罗曼·雅各布森认为，翻译是用另一种语言解释原文的语言符号。他在《论翻译的语言学问题》（*On Linguistic Aspects of Translation*）中，从语言学和符号学的角度，即按所涉及的两种代码的性质，将翻译分为语内翻译、语际翻译和符际翻译。可以说，这三种类型的翻译几乎包括了一切语言的交际活动。这种翻译分类也打破了翻译的传统框架，开阔了人们对翻译认识的视野。下面就来详细分析这三种翻译类型。

1. 语内翻译

语内翻译是用同一语言的另一符号来阐释其言语符号。换句话说，语内翻译是同一语言间不同语言变体的翻译，如把用古英语写的《贝奥武夫》译成现代英语，把用古汉语写的《史记》译成白话文，把客家话译成普通话，把黑话、行话译成普通话，等等。或者说，语内翻译就是把一种语言材料用同一种语言换一种说法，即重新解释一遍。语内翻译包括古代语与现代语、方言与民族共同语、方言与方言之间的转换。英语学习中解释疑难句子常常用到的paraphrase（改述）一词，其实也是一种语内翻译，即同一种语言内部的翻译。

在某种程度上，语内翻译不需要将意指对象完整真实地显现出来，它仅是一种表现形式。下面是有关语内翻译的几个例句，通过前后两个句子的对比，我们可以从中理解语内翻译的基本内涵。

【例 1】Radiating from the earth，heat causes air currents to rise.

Heat causes air currents to rise when it is radiating from the earth.

【例 2】余闻而愈悲。孔子曰：“苛政猛于虎也！”吾尝疑乎是，今以蒋氏观之，犹信。(柳宗元《捕蛇者说》)

我听了(这些话)更加感到悲伤。孔子说：“苛酷的统治比猛虎还要凶啊！”我曾经怀疑这句话，现在从姓蒋的遭遇看来，这是可信的。

2. 语际翻译

语际翻译是运用另外一门语言的符号来阐释言语符号。换句话说，语际翻译是一种语言的符号与另一种语言的符号之间的口头或笔头的转换，如英译汉、汉译英等。实际上，语际翻译也就是人们通常所指的真正意义上的翻译，也可以说是狭义的翻译。

可见，语际翻译是对原文符号在另一种文化中的解读，原文本中所有的符号都置身于一个宏观的文化背景中，或称“非语言符号体系”中。要想达到语际翻译层面的对等，就要使处于源语文化中的符号在目的语文化中进行正确的解读与传译。从符号学的角度来讲，一个语言符号的指示意义由三种意义共同构成，即语义意义、句法意义和语用意义。如何正确地传达出这三种意义便是实现语际翻译的重点所在。

【例 1】His criticisms were enough to make anyone see red.

[译文]他那些批评任谁都得火冒三丈。

【例 2】空山不见人，但闻人语响。返景入深林，复照青苔上。

[译文]A hollow mountain sees no soul，but someone’s speaking does echo.

As the setting sun penetrates the deep woods，the reflective tints don on the moss.

【例 3】子曰：“学而不思则罔，思而不学则殆。”

[译文]Confucius said，“Reading without thinking results in bewilderment；thinking without reading results in peril.”

3. 符际翻译

符际翻译就是运用非言语符号系统来阐释言语符号。也就是说，符际翻译是语言与非语言符号或非语言符号之间的翻译，语言与手势语之间的翻译，英语与计算机代码之间的翻译，数学符号、音乐符号、美术符号、手势语与旗语之间的翻译等都属于符际翻译。

我国南京大学外国语学院许钧教授在湖南大学外国语学院的一次学术讲座中指出，所谓符际翻译，就是人类掌握的语言文字、音乐、绘画、舞蹈几种符号之间的翻译。这需要通过感知，领悟音乐、绘画、文字和数理等符号系统。一般来说，掌握的符号越多，符号之间的翻译能力越强，感知世界的能力也就越强。可见，符际翻译是指原文符号在非言语层面上的解读。它并不传递原文的意义，而是传递对原文的直接感觉，是对作为基于图像符号意义本身特性的翻译。具体来说，符际翻译对等表明了原文与译文的一些相关的物理特征。英汉差异使译文在长度、标点符号使用上难以达到对等，但在符际层面上至少要达到外观结构上的大致对等。

（三）卡特福德的分类

英国语言学家和翻译理论家卡特福德根据翻译的范围、层次和等级对翻译进行了分类，具体如下：

1. 根据翻译的范围，可将其分为全文翻译和部分翻译。全文翻译是指源语文本的每一部分都要用译语文本的材料来替代。部分翻译是指源语文本的某一部分或某些部分是未翻译的，只需把它们简单移植到译语文本中即可。部分翻译并非节译，而是某些词因为种种原因不可译或不译，只能原封不动地搬入译文。

2. 根据翻译的层次，即语法、词汇、语音、词形等，翻译可分为完全翻译和有限翻译。完全翻译是指源语的语法和词汇被等值的译语的语法和词汇所替换；有限翻译则是指源语的文本材料仅在一个层次上被等值的译语文本材料所替换。

3. 根据语言的等级，即词素、词、短语或意群、分句或句子，可将翻译分为逐词翻译、直译和意译。逐词翻译是建立在单词级上的等值关系，意译“不受限制，可以在上下级之间变动，总是趋于向较高级的等级变动……甚至超过句子的层次”，直译则是介于逐词翻译和意译之间的翻译。

第二节　英语翻译的基本原则

一、翻译的基本原则

翻译的基本原则是翻译实践的准绳和衡量译文优劣的尺度。国内外对翻译标准的讨论一直都没有停止过，正是在这场对翻译的标准的讨论中，翻译理论的研究得到不断发展和完善。因此，我们借用前人的研究成果来指导翻译的实践，即在翻译实践过程中，应遵守以下两个翻译的基本原则，即忠实

（faithfulness）和通顺（smoothness）。

忠实指译文要准确地表达出原文的思想、内容和文体风格，要再现出原文的特色。翻译不是译者的独立创作，而是把原作用另一种语言表达出来，译者不得对原文进行任何篡改、歪曲、遗漏或任意增删。如果译文与原作不符，那就不能称之为翻译。对译者来说，要实现译文忠实于原作，首先便要对原文有正确的理解，并且吃透原文的词义、语法关系和逻辑关系。

【例 1】Scientists defined the temperature requirements necessary for survival the black carp.

[原译] 科学家们规定了青鱼生存的必需温度。

[改译] 科学家们证明了青鱼生存所需的温度。

【例 2】Such a system must be tailored quite closely to the machines it monitors.

[原译] 这样的系统必须对监视的机器十分接近地配置。

[改译] 这种系统的配置必须十分接近被监控的机器。

所谓通顺，指译文语言通顺易懂、自然流畅，符合译文语言的表达习惯，没有文理不通、晦涩难懂等现象。

【例 3】Darkness released him from his last restraints.

[原译] 黑暗把他从最后的顾忌中解放出来。

[改译] 在黑暗中，他就再也没有什么顾忌了。

【例 4】你们谁想参加春游就在星期五之前报名并交费。

[原译]You whoever wants to go spring outing ; please sign up your name and pay dues before Friday.

[改译]Whoever wants to join the spring outing should sign up and pay the expenses before Friday.

【例 5】语言这个东西，不是随便可以学好的，非下苦功不可。

[原译]Language is something difficult to learn well and to learn it well one has to study very hard.

[改译]The mastery of language is not easy and requires pains taking effort.

综上所述，翻译离不开“忠实、通顺”这两条目前翻译界公认的原则。实际上，忠实和通顺相辅相成。忠实而不通顺，读者就会看不懂译文，失去了翻译的意义。通顺而不忠实，脱离了原文的内容和风格。

二、翻译工作者的基本原则

翻译教学涉及两种相互联系又各有目的的教学模式，即教学翻译和翻译教学。根据我国目前的实际情况和社会需要，在我国的英语教学中，无论是非英语专业，还是英语专业，教学翻译和翻译教学这两种教学模式是不能相互分离的，它们是相辅相成的。

我国各级英语教学中对翻译的基本教学要求正是从翻译的基本原则出发而制定的。从我国英语专业和非英语专业的英语教学大纲来看，甚至在各级英语过级考试中，我们都可以看出翻译的“忠实和通顺”始终贯穿英语教学中。

我国高等院校英语专业对翻译的教学要求是分级的，如下所列：

1. 入学要求：能将内容不超过高三课文难度的短语和句子翻译成汉语，要求理解正确、语言通顺。

2. 二级：能独立完成课程中的各种翻译练习，要求理解准确、语言通顺。

3. 四级：能独立完成课程中的各种翻译练习，要求译文忠实于原文、表达流畅。

4. 六级：初步了解翻译基础理论和英、汉两种语言的异同，并掌握常用的翻译技巧，能将中等难度的英语篇章或段落译成汉语。译文忠实于原文，语言通顺，速度为每小时 250—300 个英文单词；能将中等难度的汉语篇章或段落译成英语，速度和译文要求与英译汉相同；能担任外宾日常生活的口译。

5. 八级：能运用翻译的理论和技巧，将英美报刊上的文章以及文学原著译成汉语，或将我国报刊、杂志上的文章和一般文学作品译成英语，速度为每小时 250—300 个英文单词。译文要求忠实原意，语言流畅。能担任一般外事活动的口译。

高等院校英语专业四级、八级考试对翻译的测试要求如下所列：

1. 汉译英项目要求应试者运用汉译英的理论和技巧，翻译我国报纸杂志上的论述文和国情介绍，以及一般文学作品的节录。速度为每小时 250—300 个英文单词。译文必须忠实原意，语言通顺。

2. 英译汉项目要求应试者运用英译汉的理论和技巧，翻译英美报纸杂志上有关政治、经济、历史、文化等方面的论述文以及文学原著的节录。速度为每小时 250—300 字。译文要求忠实原意，语言流畅。

我国高等院校非英语专业大学英语教学对翻译的教学要求也是分级的。由于大学英语教学分为基础阶段（一至二年级）和应用提高阶段（三至四年级），全国高等院校非英语专业英语教学大纲对翻译的教学要求也分为两个阶段：

1. 基础阶段对翻译的基本要求（达到四级）：能借助词典将难度略低于课文的英语短文译成汉语，理解正确，译文达意，译速为每小时 300 个英文单词；能借助词典将内容熟悉的汉语文字材料译成英语，译文达意，无重大语言错误，译速为每小时 250 个英语单词。

2. 基础阶段对翻译的较高要求（达到六级）：能借助词典将难度略低于课文的英语短文译成汉语，理解正确，译文达意，译速为每小时 350 个英文单词；能借助词典将内容熟悉的汉语文字材料译成英语，译文达意，无重大语言错误，译速为每小时 300 个英语单词。

3. 应用提高阶段的专业英语对翻译的教学要求：能借助词典将有关专业的英语文章译成汉语，理解正确，译文达意，译速为每小时 350 个英语单词；能借助词典将内容熟悉的有关专业的汉语文字材料译成英语，译文达意，无重大语言错误，译速为每小时 300—350 个英语单词。

4. 应用提高阶段的高级英语对翻译的教学要求：能借助词典将有一定难度的英语文章译成汉语，理解正确，译文达意，语言通顺，译速为每小时 400 个英语单词；能借助词典将题材熟悉的汉语文章译成英语，内容完整，译文达意，语言通顺，译速为每小时 350 个英语单词。

忠实和通顺是翻译实践中必须遵守的原则。要达到上述原则，必须不断提高英、汉两种语言的水平，掌握丰富的知识，熟悉使用这两种语言国家的社会风俗，了解他们的政治、经济、历史、文化等各方面情况，并且要掌握一定的翻译方法和技巧。

第三节　中西方翻译理论概述

一、中国翻译理论

（一）中国古代翻译理论

中国的翻译活动可追溯至春秋战国时期，当时的翻译活动主要限于诸侯国家之间的相互交往，因此这种翻译还谈不上是语际翻译。在中国翻译史上，真正的语际翻译当属佛经翻译。佛经翻译历经千年，出现了一大批杰出的翻译人员，他们译出的佛教经卷数以万计，为佛教在中国的传播以及丰富中国的语言、文化做出了不可磨灭的贡献。同时，不少译经人在佛经翻译过程中总结出了翻译心得，其中有一些已具备了理论的雏形，如支谦、释道安、彦琮、玄奘、赞宁等。

（二）中国近代翻译理论

中国近代翻译以西学翻译为主，涌现出一批优秀的翻译家，他们致力翻译的实践研究，提出了独到的翻译见解和理论。可以说，这一时期是我国翻译理论自成体系的开创时期。

1. 徐寿、傅兰雅的翻译理论

徐寿是洋务运动时期著名的化学家、科技翻译家，他与傅兰雅合译或自译西方书籍 13 种，代表作有《化学鉴原》《化学考质》等，并首创了一套化学元素的中文名称。傅兰雅结合自己丰富的翻译经验，提出了翻译应“不失原文要旨”“易于领会”的翻译标准。这一时期的翻译大家对翻译理论的最大贡献是对科学技术术语的统一工作，从译名统一的原则到科学术语词典的编纂都在翻译史上留下了宝贵的财富。徐寿、傅兰雅等人提出了著名的“译名七原则”。

（1）尽可能直译，而不意译。

（2）万一不能意译，则要用尽量适当的汉字音译，要建立音译体系，基本词素要固定，要用官话音译。

（3）新术语尽可能同汉语的固有形式构建相一致。

（4）译名要简练。

（5）译名要予以准确的定义。

（6）译名在各种场合都要符合原意，不致矛盾。

（7）译名要有灵活性。

“译名七原则”的提出对科技名词的翻译和外来科学技术的引入做出了巨大贡献，促进了中国翻译理论的形成；有力驳斥了汉语难译科技书籍的说法，指出中国人也可以创造新词汇；倡导科技译名统一，并指定译名的具体规则，使有关地理、物理、化学、医学、数学等科学书籍译成，并广泛流传。

2. 马建忠的翻译理论

马建忠是洋务运动时期的语言学家，他关于翻译的论述主要见于其 1894 年写的《拟设翻译书院议》这篇文章中。他在文中明确指出了翻译对中国反抗外国欺侮，并最后战胜外敌的重大意义和创设翻译书院、展开翻译活动、培养翻译人才的紧迫性。在该文中，马建忠提出了自己的“善译”翻译观：“夫译之为事难矣，译之将奈何？其平日冥心钩考，必先将所译者与所以译者两国之文字，深嗜笃好，字栉句比，以考彼此文字孳生之源，同异之故。所有相当之实义，委曲推究，务审其音声之高下，析其字句之繁简，尽其文体之变态，及其义理精深奥折之所由然。夫如是，则一书到手，经营反复，确知其意旨之所在，而又摹写其神情，仿佛其语气，然后心悟神解，振笔而书，译成之文，适如其所译而止，而曾无毫发出入于其间，夫而后能使阅者所得之益，与观原文无异，是则为善译也已。”

这段话的意蕴非常丰富、全面，涉及语义学、语用学、文法学、修辞学，以至于进入了文化研究的领域。在马建忠看来，翻译是很难的事情，我们应该怎么翻译呢？平时在翻译训练中就应该培养自己对两种语言的浓厚兴趣，用心思考，一定要先将所要翻译的语言和用来翻译的语言进行仔细的研究和比较，以考察两种语言文字产生的渊源，领悟两种语言相同或相异的缘由。对两种语言相当的意义应加以反复推敲，务必探究其语调的高低，分析其字句的繁简，弄清其文体的变异，了解其内涵细微差异的由来。这样，拿到一本书必须反复阅读，掌握它的精神实质，并且揣摩出它的风格，体会到它的语气，才能消化吸收，翻译起来得心应手，使译文和原文一模一样，没有分厘丝毫的差别，读者能从中得到与看原文相同的收获，这样的翻译才称得上好翻译。

马建忠非常强调细致的文本分析，而且推崇翻译中的直译。他的“善译”理论与当代的翻译等值理论如出一辙，建构了中国近代重要译学理论的发展基础。我们可以认为他是采用以语言对比研究为取向、以翻译对等为中心、注意翻译过程和翻译方法的中国翻译理论家先驱。

3. 梁启超的翻译理论

梁启超是我国近代史上著名的思想家和文学家。梁启超把翻译当作强国之道，目的在于推行维新变法。梁启超在其长篇巨著《变法通议》的第七章“论译书”中指出了译书的两个弊端：“一曰徇华文而失西义，二曰徇西文而梗华读”，即一是由于遵循汉语的表达习惯而失去了原文的文化内涵等，二是由于遵循英语的表达习惯而造成汉语译文的晦涩难懂。同样在第七章中，梁启超曾指出：“自鸠摩罗什、实叉难陀皆深通华文，不著笔受。玄奘先游身毒，学其语，受其义，归而记忆其所得从而笔之。言译者，当以此义为最上。”这段话的含义是，鸠摩罗什和玄奘等都精通汉语和梵文，能够了解原文含义，因此翻译时无需多加润饰，只需记下来直接译成汉语即可，这是翻译的最佳方法，也值得其他译者效仿。梁启超还曾指出，凡译书者，将使人深知其意，苟其意靡失，虽取其文而删增之，颠倒之，未为害也。然必译者之所学与著书者之所学相去不远，乃可以语于是。其含义是翻译书籍务必要让读者深刻了解原文含义，如果原文含义有所靡失，只保留原文部分含义或增减原文内容、颠倒原文顺序等，都是有害的。另外，译者的学识专业必须和原作者接近，这样才能翻译出质量上乘的作品。

4. 林纾的翻译理论

林纾是中国近代翻译史上的翻译大师，也是中国文学翻译事业的先行者和奠基人，被公认为中国近代译界的泰斗。林纾不懂外语，但他仍然和朋友共同翻译了十几个国家的几十位作家的作品。尽管其译文难免出现一些错误，但这并不影响他对中国翻译事业做出贡献。林纾的翻译思想主要体现在以下几个方面。

（1）翻译不易。林纾认为，翻译书籍需抱有严谨、审慎的态度，要想翻译出好的作品，首先译者必须了解原文所引用的历史典故、风俗文化、古籍旧说等知识，同时需了解源语和目的语之间的异同，在传递源语文化的同时使译文符合目的语的表达习惯，这样才能达到理想的翻译效果。

（2）译名统一。林纾在《中华大字典》的序言中阐述其对译名统一问题的看法，汉语中一个字只有一个含义，只有将一个一个的汉字联合起来才能成文。因此，在翻译英文时往往需要耗费大量汉字，再加上由于没有一定的名词，常会和英文原作相左。对此，林纾提出“由政府设局，制新名词，择其醇雅可与外国之名词通者，加以界说，以惠学者”。尽管这个提议并未被当局采纳，却是他对中国翻译的另一个重要贡献。

（三）中国现代翻译理论

1. 胡适的翻译理论

胡适是我国现代著名的学者、诗人、历史学家、文学家和哲学家。从 1919 年起，胡适陆续翻译了都德、莫泊桑、契诃夫等人的短篇小说，拜伦的长诗《哀希腊》，易卜生的剧本《娜拉》（与罗家伦合译）等西方著作。

胡适也是中国白话新诗翻译的领军人物。胡适认为，用文言文译诗，无论做得怎样好，究竟只够供少数人的赏玩，不能行远，不能普及。诗歌必须为贫民大众所理解和接受，因此翻译应该做到明白流畅。胡适的诗歌翻译无论在语言、格律上还是在意境上都极大地促进了白话文的开创和发展。

胡适用十分严肃认真的态度对待翻译，提出了“三负责”之说。胡适认为，写文章有两重责任：一是向自己负责；二是向读者负责。但翻译文章时却有三重责任：一是要对原作者负责任，求不失原；二是要对读者负责任，求他们读懂；三是要对自己负责任，求不致自欺欺人。

胡适在《建设的文学革命论》中提出了翻译西洋文学名著时只译名家著作，不译第二流以下著作的看法。胡适还主张全用白话进行翻译。胡适的这两个观点在当时产生了很大影响，大大推动了白话文翻译的发展。

2. 郭沫若的翻译理论

郭沫若是中国现代著名的诗人、文学家、戏剧家和翻译家，其翻译理论主要表现在以下几个方面。

（1）风韵译理论。郭沫若指出：“诗的生命，全在它那种不可把握之风韵，所以我想译诗的手腕于直译意译之外，当得有种‘风韵译’。”“风韵译”理论不赞同移植或逐字逐句地翻译，而是强调“以诗译诗”。郭沫若认为，翻译的过程是两种文化融合的过程，不仅仅是两种语言的转换，更是译者对原文审美风格的再创造。

（2）生活体验论。对于译者的素质，郭沫若认为，主体性、责任心是译者必须具备的。郭沫若指出，翻译工作要求译者具有正确的出发点和高度的责任感，一方面要慎重选择作品，另一方面要以严肃的态度进行翻译。除了责任心以外，郭沫若认为，译者主观感情的投入对翻译工作也十分重要。翻译之前，译者首先要深入了解原文作者和作品，只有这样才能更深刻地了解原文和作者的思想。郭沫若曾说自己在翻译别人的作品时常常和原作者“合而为一”，使自己变成作者，融入作品中去，体会原作的情感与内涵。这种“合而为一”的翻译思想对翻译理论的发展同样具有重大意义。

（3）好的翻译等于创作。郭沫若早期认为翻译是一种附属事业，贬低了翻译的作用。随着文学思想的转变，郭沫若端正了对翻译的态度，认识到了翻译的重要作用，并指出好的翻译等于创作，甚至可以超过创作。翻译有时比创作还困难。因为创作需要一定的生活体验，而翻译需要体验别人体验的生活。另外，翻译要求译者不仅要有扎实的英文功底，还要有扎实的汉语功底。由此可见，翻译其实并不比创作容易。

翻译不是一份简单的工作，而是一种需要创造力的艺术。好的翻译和创作无异，甚至会超过创作。郭沫若本人在翻译过程中无不关注原作的艺术风格以及精神思想，并将其融入笔端，进行艺术的再创作。只有这样的创造性翻译，才能是真正高质量的翻译。

3. 茅盾的翻译理论

茅盾是中国现代著名小说家、文学评论家、文化活动家。茅盾所倡导的是“形貌”与“神韵”辩证统一的文学翻译批评理论，对中国的文学翻译批评产生了极大的影响。

茅盾在大量翻译外国文学作品的同时，十分注重中国古代文论中的精华。对于当时文学翻译批评界争论不下的“直译”和“意译”问题，茅盾提出了符合中国传统文化思想的文学翻译批评主张，即“形貌”和“神韵”相结合的辩证统一的文学翻译批评理论。

对于直译和意译，茅盾曾指出，由于英汉文字不同，对所有文本一律采取直译法很难。译者往往照顾了语言的形式就会导致神韵不足，而照顾了神韵，语言形式又会和原文不同，即“形貌”与“神韵”无法同时保留。尽管如此，“形貌”与“神韵”却又是相辅相成的，“单字”“句调”不仅构成了语言的“形貌”，也构成了语篇的“神韵”。

茅盾通过中国古代文论中的“形貌”“神韵”“单字”“句调”概念打破了晚清以来文学翻译批评的限制，他所倡导的“形貌”与“神韵”的辩证统一的文学翻译批评理论也是对当时争论已久的“直译”和“意译”问题的一个最佳解决办法与完善，这使中国的翻译批评摆脱了传统束缚，产生了新的生机，极大地促进了中国传统文学翻译批评向现代文学翻译批评转换。

4. 叶君健的翻译理论

叶君健，中国著名的翻译家、儿童文学家，擅长用世界语、英语写作。叶君健通晓英文、法文、丹麦文、瑞典文、世界语等多种语言，一生翻译了大量的外国文学著作，尤以翻译安徒生的童话而闻名于世。其他主要译著有：爱斯古里斯的《亚格曼农王》、麦特林克的《乔婉娜》、易卜生的《建筑师》、托尔斯泰的《家庭的幸福》、梅里美的《卡尔曼》、贝洛奇等的《南斯拉夫当代童话选》等。主要论著有《读书与欣赏》《西楼集》等。叶君健自 1958 年翻译《安徒生童话全集》以来，一贯关注译者在翻译中的主体性和创造性。传统翻译观念认为，译者应充当“隐形人”，彻底“隐身”，完全忽略了译者客观存在的介入行为。叶君健认为，文学翻译不是简单的符码转化，也不是单纯的翻译技巧问题，翻译有再创造的一面，因而也是一种文学创作。译作的倾向和功能要受到译者文化身份、修养、意识形态、立场等因素的影响。

1997 年，叶君健发表了《翻译也要出“精品”》一文，系统地论述了他的“精品”理论，即把一部外国作品移植到国文中来，如果功夫到家，就使其转化成为本国文学作品。在文中，叶君健格外强调了“译者的个性”和“个性的译作”。叶君健的“精品”论具有鲜明的学术个性，不仅是他毕生翻译经验的精华，也是他留给译界后人的最后一笔财富。

5. 傅雷的翻译理论

傅雷是中国著名的文学翻译家、文艺评论家。傅雷在《高老头》的译序中提出了“神似论”的翻译标准，具体来说对翻译理论的贡献主要表现在以下两个方面。

（1）传神达意。傅雷曾说，领悟原文是一回事，而将原义含义用汉语表达出来又是另外一回事。傅雷认为，翻译时要做到“传神达意”必须做好以下三点。

第一，中文写作。傅雷认为，好的译文要给人一种原作者在用汉语写作的感觉，这样原文的精神、意义以及译文的完整性和流畅性都得以保证，也不会产生以辞害意或以意害辞的问题。

第二，反复修改。傅雷对待翻译的态度极其严肃，并以“文章千古事，得失寸心知”为座右铭。傅雷指出，好的翻译离不开反复的锤炼和修改，做文字工作不能只想着一劳永逸，而应该不断地推敲、完善。

第三，重视译文的附属部分。所谓译文的附属部分，即注解、索引、后记、译文序等内容，这些内容都对译文能否“传神达意”有着重大影响。妥善处理这些内容有助于读者更好地理解原文的形式和内容。

（2）神形和谐。傅雷认为，翻译要像临画，重点求神似，形似再次。傅雷将中国古典美学理论运用于翻译之中，用绘画中的“形神论”的观点来看待翻译。傅雷指出，要做到“传神达意”，仅仅按照原文句法拼凑堆砌是不行的，更重要的是要和原文神似。然而，这并不是说译者可以抛弃原文的形式，而是要在和原文神似的基础上追求形似，不能求形而忘神。神和形是语篇的两个方面，两者紧密联系。神依附于形而存在，神又是形的根本意图。因此，两者是一个和谐的整体。

形与神的和谐需要译者的创造。傅雷认为，翻译的标准应该是假设译文是原作者用汉语撰写的，并提倡译文必须使用纯粹的、规范的中文，不能声音拗口。另外，为了再现原文的生动内容，体现出时空、语境的差异，傅雷还指出译者可以杂糅各地方言，也可以使用一些旧小说套语和文言。然而，使用方言、旧小说套语和文言的关键在于适当调和各成分在语篇中的作用，避免导致译文风格杂乱。傅雷的这种将方言、行话、文言和旧小说套语等融入白话文中，从而竭尽所能地转达原文的“神韵”，不能不说是一个创造性之举。

6. 钱锺书的翻译理论

钱锺书是我国著名的作家、文学研究家。他对翻译也有着很多发人深省的论述。“化境说”是钱锺书对翻译理论的主要观点，也是最大贡献。“化境”和中国传统文论一脉相承，原指艺术造诣达到精妙的境界，而被钱锺书引入翻译领域中则指原作的“投胎转世”。钱锺书在《七缀集·林纾的翻译》中首次提出了“化境说”的翻译观。具体而言，“化”包括以下三个方面。

（1）转化，即将一国文字转换成另一国文字。

（2）归化，即能用汉语将外国文字准确、流畅、原汁原味地表现出来，读起来不像是译本，倒像是原作。

（3）化境，即原作的“投胎转世”，虽然语言表现变了，但精神姿致如故。

此外，“化”还需注意以下两个方面。

（1）翻译时不能因为语言表达的差异而表现出生硬、牵强之感，否则须得“化”之。

（2）“化”的时候不能随便去“化”，不能将原文文本中有的东西“化”没了，即虽然换了一个躯壳，译文仍要保留原文的风味、精神、韵味。

“化境说”是钱锺书将原本用于中国古典美学的“境界”概念引入翻译领域中得出的一种翻译理论。钱锺书指出，“境界”是所有学科的共性，是相通的。钱锺书将文学翻译理论纳入文艺美学范畴的做法对中国文化而言意义深远。“化境说”不仅兼顾了翻译中的语言形式和神韵，还强调了译者的创造性。因此，“化”是翻译的最高境界。

二、外国翻译理论

（一）古代至中世纪翻译理论

1. 西塞罗的翻译理论

西塞罗是古罗马晚期的政治家、哲学家、演说家、散文家、律师和拉丁语言大师，是西方翻译史上最早的翻译理论家之一。西塞罗曾翻译过许多古希腊政治、哲学、文学等方面的名著，其中包括柏拉图的《蒂迈欧篇》和荷马的《奥德赛》。因此，他的译论深深根植于翻译实践的基础之上。西塞罗对翻译理论的阐述主要见于《论演说家》和《论善与恶之定义》。虽然这两部著作并非论述翻译的专著，但其中的精辟见解对后世的翻译理论与实践产生了深远的影响。

在《论演说家》第五卷第十四章中，西塞罗提出了所谓“解释员”式翻译与“演说家”式翻译的区分，即“直译”与“意译”两种基本译法的区分。在《论善与恶之定义》中，西塞罗提出翻译必须采取灵活的方式，选词造句要符合自己的语言，以达到感动读者的目的。在此基础上，西塞罗强调翻译是一种文学创作。西塞罗是西方翻译史上正式提出翻译的两种基本方法、译作与原作的关系、形式与内容的关系及译者的权限和职责等问题的第一人。他打破了翻译只限于实践而脱离理论的状态，是西方翻译史上的第一位理论家。

2. 贺拉斯的翻译理论

贺拉斯是古罗马时期的著名政治家、抒情和讽刺诗人、文艺批评家、翻译家。他的翻译思想集中体现于《诗艺》。《诗艺》中“忠实原作的译者不会逐词死译”这句话后来成为活译、意译者用来批评直译、死译的名言。他受西塞罗的影响，认为翻译必须避免直译，应选择意译，但意译并不意味着翻译可以天马行空地任意发挥。同时，他根据自己的创作和翻译实践率先提出“以希腊为典范的旗帜”，制定出一套古典主义的文艺原则，提倡创新、平易、和谐、寓教于乐的风格，影响了文艺复兴以后的许多翻译家。

3. 布鲁尼的翻译理论

布鲁尼是意大利著名的人文主义者、学者和政治家，是中世纪末期最著名的翻译理论家。布鲁尼在《论正确的翻译方法》这篇论文中对翻译问题进行了专门论述，是西方翻译史上最早对翻译问题进行专题研究的学者。布鲁尼的翻译思想主要有以下三个方面的内容。

（1）译者应当尽可能模仿原作风格。

（2）任何语言都可以用来进行有效翻译。

（3）翻译的实质是把一种语言里的东西转移到另一种语言中，因此译者必须具备丰富的知识。

（二）文艺复兴时期翻译理论

1. 马丁·路德的翻译理论

马丁·路德是德国神学家、辩论家、社会学家和翻译家。马丁·路德按照通俗明了的翻译原则完成的《圣经》德译本被誉为第一部大众的《圣经》，在西方翻译史上占有极其重要的地位，对宗教改革、德语的统一、德国的文学和语言的发展意义重大。此外，他翻译的《伊索寓言》具有很高的文学价值。马丁·路德在翻译理论方面的主要贡献体现在以下几个方面。

（1）只有使用人民大众所熟悉的通俗语言才能使翻译大众化。

（2）翻译必须注重语法和意思的联系。

（3）翻译要将原文的语言现象放在首位，要采用意译的方法来帮助读者完全看懂译文。

（4）翻译必须集思广益。

（5）系统地提出了翻译的七条原则：可以改变原文的词序；可以合理运用语气助词；可以增补必要的连词；可以略去没有译文对等形式的原文词语；可以用词组翻译单个的词；可以把比喻用法译成非比喻用法，把非比喻用法译成比喻用法；注意文字上的变异形式和解释的准确性。

2. 多雷的翻译理论

多雷是法国文艺复兴时期著名的人文主义者、学者和翻译家。多雷翻译和编辑过《圣经·新约》，弥撒曲、柏拉图的对话录《阿克赛欧库斯》以及拉伯雷的作品。

在多雷看来，翻译是译意，而不是译字。为了表达作者的意图，译者有调整、颠倒译文句式的权利。多雷认为，要想翻译得出色，必须做到以下五点。

（1）译者必须完全了解他所翻译的作者的旨趣和内容。

（2）译者应该精通原文语言和目的语语言，不损害原文的优美。

（3）译者不应该亦步亦趋地逐字翻译。

（4）译者应该避免刻板的拉丁化味太浓的语言，使用通俗的形式表达。

（5）译者应该调整次序、重构语序，避免生硬翻译。

（三）西方近代翻译理论

1. 巴特的翻译理论

巴特翻译过亚里士多德、贺拉斯等的许多经典作品，是 18 世纪法国乃至欧洲最富影响力的翻译理论家之一。巴特的代表著作有《论文学原则》和《纯文学教程》。巴特认为，语言的普遍因素不是语法，而是语序，语法结构为句子次序所支配。因此，如果出现矛盾，语法结构应让位于句子次序。巴特在《论文学原则》的第五部分着重讨论了翻译的语序问题，并提出了十二条规则，如应该保留原文思想出现的先后顺序，原作中所有的连接词都应该保留，译文应该使用尽可能相同的篇幅来表达以使译文具有与原文同等程度的明晰，必须在译文中保留原作的修辞手段和形式等。

《论文学原则》集中体现了巴特对翻译问题的种种看法，观点新颖，论述精当，是西方 18 世纪翻译理论发展史上一个重要的里程碑。巴特既是一位翻译理论家，又是一位积极的翻译实践者。他所译的亚里士多德的《诗学》始终保留原作的语序，句子长短也与原文接近，达到了形式上的对等。

2. 歌德的翻译理论

歌德是享誉世界的文坛巨匠，是近代德国伟大的文学家、翻译家和翻译理论家。歌德所译的意大利雕刻家切里尼的《切里尼自传》、西班牙戏剧家卡尔德隆的戏剧和法国哲学家狄德罗的《拉摩的侄儿》等作品在整个欧洲文学中都是最有影响力的上乘之作。

在歌德看来，翻译是世界事务中最重要、最有价值的活动之一，译者是人民的先知，因此人们应该重视翻译。歌德认为，文学作品包括诗作之所以存在可译性，是因为不同的语言在其意思和音韵的传译中有着彼此相通的共性。歌德把翻译分为三类：传递知识的翻译、按照译语文化规范的改编性翻译和逐字对照翻译。歌德的翻译理论是建立在浪漫派的美学基础之上的，因此他认为第三类翻译最好，既能传递原文的信息，又可以体现译文的优美。同时，歌德提出不论外国名著是诗体还是散文体，都应使用平易明快的散文体来翻译。歌德的翻译理论，尤其是以散文译诗和三种翻译类型的主张，对德国以及其他欧洲国家的翻译理论和实践都有非常巨大的影响。

3. 洪堡的翻译理论

洪堡是德国的哲学家、教育改革家和语言学家。洪堡对德国在 18 世纪末至19世纪初成为西欧翻译理论研究中心做出过特殊贡献。《按语言发展的不同时期论语言的比较研究》和《论人类语言结构的差异及其对于人类精神发展的影响》是洪堡的两部代表性论著。此外，洪堡为自己翻译的古希腊戏剧家埃斯库罗斯的《阿伽门农》写过一篇重要的序言。在这些论著中，洪堡用崭新的观点对语言问题进行了深刻的讨论。

洪堡认为，语言和人类思维、民族精神、文化有着密不可分的关系，语言决定思想文化。洪堡进而提出，可译性与不可译性是一种辩证关系。虽然语言的不同给翻译带来了一定的困难，但不同语言之间的翻译是可能的，而且翻译对丰富译入语民族文学和语言起到了难以替代的作用。在谈到翻译原则时，洪堡主张把忠实列为翻译的首要原则，但这种忠实必须指向原文真正的特点而不是其他的旁枝末节。

洪堡的最大贡献在于他提出了一种两元论的语言观。尽管在19世纪这种语言观并没有引起重视，但在20世纪，现代语言学家（如索绪尔、帕尔西格等）在洪堡两元论的影响下提出了二分法语言观，即语言可以从“语言系统”和“言语系统”两个方面来进行分析，奠定了现当代翻译理论的基础。可见，没有洪堡的两元论就没有二分法语言观，也就没有当今翻译理论的繁荣发展。

（四）西方现当代翻译理论

在现当代，国外涌现出了一大批翻译理论学家，他们对翻译的研究大大丰富了翻译理论的内容，拓展了翻译研究的方向，对世界翻译理论做出了巨大的贡献。这里我们就以学派为分类标准，介绍一些具有代表性的学者的翻译理论。

1. 语言学派

奥古斯汀以亚里士多德的“符号”理论为基础，提出了语言符号的“能指”“所指”和译者“判断”的三角关系，开创了西方翻译理论的语言学传统。20世纪初，索绪尔提出的普通语言学理论对语言和言语、语言的历时和共时进行了区分，提炼出语言符号六对对立统一的性质，深深地影响了其他人文学科，如哲学、人类学、社会学、文化学、历史学、逻辑学、美学等，也极大地影响了西方翻译理论的发展，构筑了此后翻译研究的语言学派的基本框架，为当代翻译研究的各种语言学方法奠定了基础。索绪尔的语言哲学思想为翻译理论的研究开辟了新的研究途径。西方翻译学者开始从科学的现代语言学视角来讨论翻译问题，充分运用语言理论来建立自己的翻译模式。翻译语言学派强调翻译过程中的语言现象的研究与分析，着重从语音、词汇、句子、篇章等不同的语言结构层次出发来探索翻译活动的普遍规律。此外，他们以“等值”为理论核心，认为语言和语言之间相互转换的等值方法是解决语言之间翻译问题的根本途径。翻译研究的这一语言学转向是西方翻译理论发展史上出现的第一次质的突破和飞跃，因此在20世纪40—70年代初，翻译被纳入了语言学范畴，被视为比较语言学、应用语言学和语义学的一个分支。语言学派在地域上分布较广，代表性学者也很多，下面介绍其中几位学者的观点。

（1）奈达的翻译理论。著名语言学家和翻译理论家奈达长期供职于美国《圣经》公会翻译部，是公认的现代翻译理论的奠基人，也是语言学派的代表人物之一。从1945年开始，奈达共发表250多篇文章，著述40多部，其著述数量之多、质量之高、述之详尽、系统之完备在西方翻译理论史上都是空前的。奈达的代表性专著有《翻译科学探索》（1964）、《翻译理论与实践》（1969，合著）、《语言结构与翻译》（1975）、《从一种语言到另一种语言》（1986，合著）以及《语言与文化：翻译中的语境》（2001）等。

奈达的翻译理论依据扎实的语言学基础对翻译的概念及术语进行了科学明晰的界定。同时，其翻译理论的探索经过大量《圣经》翻译活动的实践检验后被证明是行之有效的。理论与实践的相互结合确立了奈达的学术地位。尽管如此，奈达的动态对等原则乃至功能对等原则都过于注重内容而忽视形式，有一定的局限性。如果应用于文学翻译，有可能导致风格的失落和文学性的削弱。

（2）卡特福德的翻译理论。卡特福德在1965年发表的《翻译的语言学理论》一书中探讨了翻译的定义和基本类型、翻译等值、形式对应、意义和完全翻译、转移、翻译等值的条件、语法翻译和词汇翻译、翻译转换或翻译转位、翻译中的语言变体以及可译限度等内容，从现代语言学视角诠释翻译问题，是翻译理论史上一部划时代的著作，在世界翻译学界产生了广泛影响。卡特福德的主要翻译理论包括以下几个方面。

①对等值做了较为深入的研究，认为确立语言之间的等值关系是翻译的本质和基础。

②将翻译界定为“用一种等值的语言（译语）的文本材料去替换另一种语言（源语）的文本材料”，并指出“对等”是关键词，将寻求对等视作翻译研究和实践的中心问题。

③独创了“转换（shift）”这一术语，并将“转换”区分为“层次转换”和“范畴转换”两种形式。

④建议采用系统地对比原文和译文，辨别两种语言的不同特征，观察两种语言的限制因素的方法来培训翻译人员。

卡特福德摆脱了传统的印象式翻译研究方法，详尽地分析了翻译等值的本质和条件，对语言转换的规律进行了科学的阐述，是20世纪少有的有原创性的翻译理论家。

（3）雅各布森的翻译理论。著名语言学家雅各布森于1959年发表的《论翻译的语言学问题》第一次将语言学、符号学引进了翻译学，并从语言学的角度对语言和翻译的关系、翻译的重要性以及翻译中存在的一般问题进行了详尽的分析和论述，为当代语言学派翻译研究的理论方法做出了开创性的贡献，被奉为翻译研究经典之作。在《论翻译的语言学问题》中，雅各布森首次将翻译分为三类：语内翻译、语际翻译和符际翻译。这一分类方式准确概括了翻译的本质，在译学界影响深远。此外，雅各布森认为翻译除了必须考虑语言的认识、表达和工具等功能之外，还必须重视语言的比较，包括语义、语法、语音、语言风格以及文学体裁的比较。

雅各布森的研究领域十分广泛，这种多领域、跨学科的研究使他在沟通欧美语言学的交流中起到了突出作用。其著作《语言学与诗学》入选100位哈佛大学教授推荐的最有影响的书。雅各布森的语言功能理论为翻译研究提供了超越词汇、句子以外的语境模式，探讨了翻译中语言的意义、等值、可译性和不可译性等翻译理论和实践中的根本问题。雅各布森对语言和翻译的新颖而全面的论述开启了20世纪翻译研究的语言学派的大门。

（4）纽马克的翻译理论。英国学者纽马克在奈达、卡特福德等人翻译思想的启迪下，将跨文化交际理论和现代语言学的研究成果（如格语法、功能语法、符号学和交际理论等）运用到翻译研究中，形成了自己在许多翻译理论问题上独到的见解和认识。纽马克提出了“交际翻译”和“语义翻译”的概念，还提出了自己的一套文本功能及其分类。

在1981年发表的《翻译问题探索》中，纽马克提出的语义翻译（semantic translation）和交际翻译（communicative translation）两个重要的翻译策略成为西方翻译研究史上的重要里程碑。纽马克认为，语义翻译和交际翻译的区别是后者产生的效果力求接近原文文本，前者则在目的语结构许可的情况下尽可能准确地再现原文意义和语境。但是，在翻译中具体采用哪一种翻译方法还需考虑不同的文本类型，这样才能达到效果等值（equivalent effect）。语义翻译法和交际翻译法是纽马克翻译理论的核心所在，也是其翻译理论中最主要、最有特色的组成部分。1991年，针对原有理论中的不足，纽马克又提出了一个新的翻译概念，并于1994年将其正式定义为“关联翻译法”，即原作或译出语文本的语言越重要，就越要紧贴原文翻译。这标志着纽马克的翻译理论渐趋系统和完善。

此外，纽马克借鉴、修正和补充了雅各布森的功能模式，将文本功能分为表情功能、信息功能、呼唤功能、审美功能、寒暄功能、元语言功能六种，使文本的功能分析更加系统和完备。在此基础上，纽马克试图通过对源语和目的语系统的比较和描述来建立文本类型的样板。纽马克勤于著述，他的代表作还有《翻译教程》(1992)、《关于翻译》(1991)、《翻译散论》(1993)等。

2. 功能学派

德国的功能翻译理论产生于20世纪70—80年代，当时结构主义语言学对德国译学界的影响越来越大，导致翻译成为语言学的附属品，严重制约了翻译这一学科的发展。理论与实践的严重脱节促使一些学者寻找新的途径，于是功能学派应运而生。

功能学派翻译理论认为，要想解决翻译研究中的所有问题，不能完全依靠纯语言学理论。因此，功能学派针对翻译语言学派的薄弱环节，广泛借鉴交际理论、行为理论、信息论、语篇语言学并接受美学的思想，将研究的视角从源语文本转向目标文本，成为当代德国翻译界影响最大、最活跃的学派。

功能学派翻译理论推翻了原文的权威地位，帮助译者摆脱了传统的对等、转换等语言学翻译方法的羁绊，转而运用功能和交际方法来分析、研究翻译，在翻译理论史上有着重要的意义。它的诞生标志着流行于20世纪50—70年代的结构主义语言学统治地位的结束。下面介绍功能学派中具有代表性的几位学者的翻译理论。

(1)莱斯的翻译理论。莱斯毕业于海德堡大学翻译学院，长期在高校从事翻译教学研究工作，是德国翻译功能学派早期重要的创建者之一，也是费米尔、曼塔里和诺德的老师。

莱斯早期的理论研究主要围绕对等概念展开。莱斯认为，翻译追求的对等应该是语篇层面的对等，而非词、句的对等，因此主张将翻译策略和语言功能、语篇类型以及文章体裁结合起来考察。但到了后期，在自身翻译实践的启发下，莱斯认识到在翻译实践中不可能实现真正的对等，于是逐渐将研究的目光转向翻译的功能，并和费米尔一起成为翻译研究功能论的倡导者。莱斯于1971年出版了《翻译批评的可能性与限制》一书。在这本书中，莱斯首次把功能范畴引入翻译批评，将语言功能、语篇类型和翻译策略联系起来，发展了以原文与译文功能关系为基础的翻译批评模式，从而提出了功能派理论思想的雏形。目前，翻译理论界普遍认为《翻译批评的可能性与限制》一书标志着功能学派的创立。

莱斯借鉴卡尔·比勒对语言功能的三分法，将语篇分为重内容(content-focused)文本、重形式(form-focused)文本、重感染(appeal-focused)文本三个类型。在安德鲁·切斯特曼的德文版本里，莱斯将这三个类型分别称为“信息（informative）文本”“表情（expressive）文本”和“感染（operative）文本”。一些翻译理论书籍将这三个类型概括为信息型、表达型和操作型。莱斯认为，不同的文本类型决定着不同的翻译方法。每一种语言功能都有一个相对应的语言层面，逻辑功能对应信息层面，审美功能对应表情层面，对话功能对应操作层面。能否传达原文的主导功能是评判译文的重要因素。另外，莱斯认为，目标文本的形态应该先由目标语境中所要求的功能和目的来决定，功能随接受者的不同而改变。

（2）费米尔的翻译理论。费米尔长期从事翻译教学研究工作，是杰出的语言学家。费米尔在莱斯的指导下研究语言学和翻译理论，突破了莱斯的理论局限，创立了目的论。

作为一名有长期翻译实践经验的译者，费米尔认为翻译不仅是语言符号的转换，还是一项非言语行为。翻译符号的使用是为了达到一定的目的，而且会涉及不同的跨文化模式。为此，费米尔在现代语言学（实用语言学、语言行为论、话语语言学）和美学的启发和影响下，在与莱斯合著的《普通翻译理论原理》一书中提出了以翻译“目的论”为主的基本理论。目的论影响深远，因此功能学派也被称为“目的学派”。目的论坚持三个原则：目的原则、连贯原则和忠实原则。

①目的原则将行为理论引入翻译理论中，认为翻译行为所要达到的目的决定了翻译所应采取的方法与策略。

②连贯原则具体指语篇内连贯，即译文必须符合逻辑，符合译入语的表达习惯，能够让译文读者理解，并在目的语文化以及使用译文的交际环境中有意义。

③忠实原则具体指语篇间连贯，即译文不违背原文，译文和原文存在某种联系，但不要求译文和原文在内容上一字不差。目的论所要求的忠实，其程度和形式是由译文的目的和译者对原文的理解来决定的。

在上述三个原则中，语篇间连贯从属于语篇内连贯，两者同时受目的原则的统领。也就是说，当目的原则要求语篇间或者语篇内不连贯时，两者都将失去作用。目的论的出现标志着翻译的研究角度由以语言学和形式翻译理论为基础转向更加倾向功能化和社会文化，因而成为功能主义翻译理论最核心的理论。

（3）曼塔里的翻译理论。

曼塔里是德国籍翻译学者和翻译家，长期在荷兰工作。她借鉴赖特的行为理论和里宾的功能语用学提出翻译行为论，进一步发展了功能派翻译理论。曼塔里认为，目的语的文本功能并不是从分析原文文本中自动获得的，而是通过跨文化交际的目的，从语用角度达到目的语文本的功能。换句话说，译文功能与原文功能不同，根据语境做出“功能改变”是译者主体性的体现。功能改变不是例外，而是常态。

此外，曼塔里特别重视行为参与者（信息发出者、译者、译文使用者、信息接收者）和环境条件（时间、地点、媒介）。曼塔里对自己理论模式中参与者的角色做了这样的分析：信息发起者可以是需要翻译的公司或个人，委托人是译者的联系人。原文文本的生成者是创作原文文本的人，但不一定与翻译有关。目的语文本的生成者是译者，目的语文本的使用者是具体使用译文的个人，目的语文本的接受者则是目的语最终的受众。从一开始，译者在翻译行为中就扮演着至关重要的角色，他是跨语际转换的专家和任务的执行者。

（三）西方女性主义翻译理论

女性主义翻译理论探讨了女性主义与翻译的历史渊源、对翻译的影响及作用，颠覆了传统翻译论中原文与译文的主仆关系，瓦解了传统翻译论关于译文要忠实于原文的观点，给翻译研究带来全新的启迪。女性主义翻译理论的主要代表人物有西蒙、张伯伦等。下面介绍他们的翻译理论。

1. 西蒙的翻译理论

西蒙是著名翻译理论家、文化专家，是当代女性主义翻译理论最有影响力的声音。

《翻译的性别：文化认同和政治交流》主要探讨了作为政治与文学运动的女性主义对翻译理论和实践的影响，是西蒙重要的译学理论专著之一，是西方第一本全面论述女性主义视角下的翻译问题的学术性专著，也是女性主义翻译理论最广为阅读的著作。

西蒙摒弃了传统的翻译理论，认为翻译不是简单机械的语言转换，而是无限的文本链与话语链中的意义的不断延伸。此外，西蒙从建构主义的观点出发，指出翻译的衍生性和女性的从属性。性别像其他文化身份一样，是身份与经验的构成因素，是由社会意识和话语建构的。西蒙通过系统考察西方，尤其是加拿大女性作家和女性译者的话语实践，为女性主义翻译理论奠定了坚实的基础。

2. 张伯伦的翻译理论

张伯伦是美国翻译家和女性主义翻译理论家，曾在《当代文学》《国际小说》《符号》发表过论文。发表于《符号》的文章《性别和翻译的隐喻》立刻就成为女性翻译研究的经典代表作。在《性别和翻译的隐喻》中，张伯伦通过梳理西方翻译史上17—20世纪关于翻译的性别化隐喻，深入探究这些隐喻中所隐含的性别政治。张伯伦指出，尽管我们所看到的翻译的隐喻试图给翻译的次等地位披上一件阳性语言的外衣，但是西方文化极力强化这种次等地位，坚持赋予翻译女性化的地位。因此，对于长期流传于西方的男女之间的等级关系、文本的等级关系以及这种带歧视性的隐喻必须予以消解。这样，我们才能真正理解翻译，承认女性的平等地位。

张伯伦通过后结构主义理论的运用，解构了原文和译文、男性和女性的边界，提高了女性译者的政治文化地位和主体地位，对翻译理论界产生了巨大的影响。

第二章　跨文化交际概述

第一节　文化、语言与交际

人类在发展过程中创造了文明，形成了文化。无论指南针、造纸术还是电灯、电话，都是人类共有的财富。人们在享受科技文明的同时，赞叹人类的精神文明。今天，经济全球化所带来的跨文化交际是另一种形式的巴别塔，随着外语教学在全世界范围内的蓬勃发展，不同的语言已经不是障碍，真正的障碍是人们对不同语言下的文化模式和文化传统的不理解和不接受。

一、文　化

（一）文化的定义

culture（文化）一词来源于 cultura，原意指耕作、培育、栽培，之后逐渐演变为人的素质和能力的培养与教化。近代，最先将 culture 一词翻译成“文化”的是日本人。因此，有人猜想汉语中的“文化”一词其实并非中国古籍中所说的与武功相对而言的含义，而是借用日语中对英文单词 culture 的意译文。然而，这一说法目前尚未被证实。

《牛津简明词典》指出，文化是“艺术或其他人类共同的智慧结晶”。该定义是从智力产物的角度阐释文化。

《美国传统词典》指出，人类文化是通过社会传导的行为方式、艺术、信仰、风俗以及人类工作和思想的所有其他产物的整体。该定义拓宽了文化的包含范围，既包括深层次文化，又包括浅层次文化，如风俗、传统、行为、习惯等。此外，泰勒在《原始文化》中指出，文化是一个复杂的综合体，包括知识、艺术、宗教、神话、法律、风俗，以及人类在社会活动里所得一切的能力与习惯。很多学者认为，这一定义忽略了文化在物质方面的要素。也有一些学者认为，泰勒的定义中虽然没有专门体现物质文化，但他在《原始文化》中大量使用了很多物质文化的例子来解释他的理论观点。

《现代汉语词典》中关于文化的定义有三个，其中一个很宽泛的解释是人类在社会历史发展过程中所创造的物质财富和精神财富的总和，特指精神财富，如文学、艺术、教育、科学等。文化包含两方面的内容：一是指人类物质和精神财富的总和，二是特指文学、艺术、科学等。20 世纪 80 年代以来，关于文化的讨论也是两种趋向。一种趋向是从广义层面上认为文化是人类区别于其他动物的独特创造，包括人类所创造的一切成果，即物质成果和精神成果，主张文化是人类所创造的物质财富和精神财富的总和，并把文化分为三个层次：第一个层次是物质文化，它是经过人的主观意志加工改造过的；第二个层次主要包括政治和经济制度、法律、文艺作品、人际关系、行为习惯等；第三个层次是心理层次，也称为观念文化，包括人的价值观念、思维方式、审美情趣、道德情操、宗教情感和民族心理等。另一种趋向是从狭义层面界定，认为文化就是人类所创造的精神成果。在文化学或文化人类学中，“文化”一词通常指人类社会区别于其他动物的全部活动方式以及活动的产品。就这一概念的核心内涵而言，它的意义是明确的，但在实际研究中，学者们给出的定义可谓百花齐放。

（二）文化的作用

1. 文化的社会作用

文化是一种精神力量，在人类认识世界、改造世界的过程中可以转化为物质力量，对民族、社会的发展产生了深刻的影响。先进的、健康的文化对社会发展产生推动作用，落后的、腐朽的文化对社会发展起着阻碍作用。

文化对人类与社会也有其他方面的功能。从广义上说，文化提供了人类社会用以维持自身系统的三大要素：结构（structure）、稳定（stability）与安全（safety）。从狭义上说，文化的功能在于提供给社会成员一个施展物理、心理与语言作用的情境，即一群人日常生活的环境。

2. 文化的教化作用

文化通过其中蕴含的知识体系、价值观念、思想信仰和行为规范等规范人们的行为，使人们有效地适应社会环境和社会关系，在行为上与社会要求保持一致，尤其是在思想信仰和价值观念方面与社会要求保持一致。

3. 文化对经济的作用

文化有利于推动经济发展、凝聚人心、振奋精神、更新观念、开阔视野、提高素质，从而推动经济发展。

4. 文化对个人的作用

文化有利于启蒙心智。认识社会、教化思想、愉悦身心、陶冶性情，使人获得精神上的满足和依归。优秀文化能够丰富人的精神世界，培养健全的人格，引领人们前进，激发人们的精神力量，促进人的全面发展。

二、语 言

在很多文化分类中，语言都是重要的成分。了解语言的内涵、功能等问题，有利于理解语言在交际中的作用，以及在语言教学中进行文化教学的必要性。

（一）语言的定义及特征

美国语言学家萨丕尔认为，语言是人类所特有的、非本能地使用自发创作的符号沟通思想、表达情感和愿望的交际手段。乔姆斯基在《句法结构》一书中指出，语言是一组（有限或无限的）句子，每个句子长度有限，并由有限的成分构成。虽然语言学家对语言的定义在表述上有区别，但都是从语言本质角度出发，大多数语言学家的观点是语言是用于交际的符号系统。

语言学家认为，语言是人类所特有的交流手段，动物虽然也有各式各样的沟通方式（气味、舞蹈、声音等），但是无法与人类语言相比。我国古人也认为，人之所以为人者，言也。人而不能言，何以为人。美国语言学家查尔斯·霍凯特提出人类语言不同于动物沟通方式的区别性特征包括以下几方面。

（1）语言的任意性。语言的任意性指符号与所指物之间的关系是任意的，即词素的音和义之间的组合是任意的，不是有意设计的。自索绪尔时期，语言学家在语言的任意性特点上就达成了共识。

（2）语言结构二重性。语言结构二重性指在语言研究中发现语言具有双重结构的特征。在语言的高级结构中，语言是有意义的最小单位的集合，如词素和词；在语言的低级结构中，语言是序列化的切分成分的排列，这些切分成分自身没有意义，但是可以组合成意义单位。在语言结构中，低级层次中的语音单位组成高级层次中更大的单位，叫结构二重性。

（3）创造性。创造性指我们可以理解和创造本族语言中无限多的句子，包括那些从未听过的表述。语言的创造性和能产性来自语言的二重性，说话者能够结合各个语言单位形成无数的句子。不受时空限制，指语言既可以描述在场的事物，也可以描述不在场的事物。换言之，语言可以描述过去、现在、未来真实的或想象的东西，甚至可以描述自身。

（4）文化传递性。文化传递性是指语言系统必须通过学习才能获得。尽管人类的语言能力需要一定的生物基础，但语言不以生物基因方式传递。人们学习语言是文化现象，不是生物现象。

随着语言学研究的发展，语言的构成要素（如语音、句法、语意、语用等领域）的研究都有了长足的进步，但是对语言产生的研究还停留在假说阶段，如摹声说、感叹说、劳动叫喊说等。

（二）语言的功能

语言是交流的工具，因此语言的主要功能是交流。雅各布森在其著作《语言学和诗学》中定义了言语行为的六个要素，即说话者、受话者、语境、信息、语码、接触，并在此基础上构建了语言功能框架。

韩礼德提出语言元功能理论，包括概念功能、人际功能和语篇功能。概念功能构建经验模型和逻辑关系，人际功能反映社会关系，语篇功能反映了语言和语境的关系。由于各种语言功能学说具有一定的重复性，胡壮麟总结了语言的六种主要功能。

1. 信息功能

语言反映思维的内容，记载、记录信息，是语言的重要功能。韩礼德的概念功能是信息功能，语言为表达内容服务，内容是说话者自我意识的内部世界。

2. 人际功能

人际功能是语言的社会功能，可以使人们建立并维持在社会中的身份、地位。功能语法框架中的人际功能注重说话者和受话者的相互关系以及在话语中表达的态度，即表明交际双方亲密程度的语气及称呼上的用词等。

3. 施为功能

语言的施为功能即行事功能，指在正式场合中使用的仪式化的语言，其结果可能改变受话者的命运、社会地位等。例如，婚礼、宣判、祈福等场合中持有话语权的人所说的施为性语言。

4. 情感功能

情感功能既可以体现为改变受话者情感的表达，如赞扬、责骂等，也可以是说话者自我情感的表达，如表示懊恼、愤怒或感叹等。

5. 娱乐性功能

利用语言的音、意、节奏等进行游戏性质的表达和创作，如绕口令、儿歌、诗歌等，以语言的精妙进行娱乐。

6. 元语言功能

语言学研究语言，同时用语言记载和描述研究的过程和成果，语言的这一功能叫元语言功能。

三、交 际

交际无所不在。每一天、每一刻，人们都在进行交际。只要有人的地方，就有交际发生。日常生活中交际的例子不胜枚举。婴儿一降生就开始啼哭，啼哭就是婴儿与外界交际的方式，它代表的含义可能是“我饿了”“我渴了”。交际即使用符号和语言的能力，这种能力把人类与动物区分开了。交际是所有人类活动的基础。

（一）交际及其构成要素

交际这一概念与“共同”“共享”密切相关，即“共同”和“共享”是交际的前提。只有来自同一文化的人们才能在很多方面实现共享，才能进行有效的交际。可见，交际与文化是密不可分的，交际是文化的一部分。文化就是一系列我们要学习和共享的代码，学习和共享文化的过程需要交际。每种文化对交际都有不同的理解，对交际的不同定义反映了不同的文化价值观。

西方文化把交际看作传递信息的过程，强调交际的工具性功能，他们认为达到个人的目的就是有效的交际。东方文化则认为，除了发送和接收信息外，交际更重要的目的是保持人际关系。

1. 信息源

信息源是消息的制造者，通常指具有交际需要和愿望的具体的人。因为交际过程通常由一人以上参与，所以交际中通常有多个信息源共同存在。①

2. 编 码

交际过程中人们不能直接共享观念和思想，必须通过符号的辅助。人们把思想付诸符号的形式表达出来，这个把思想转化成符号的过程即称为编码。人们表达同一思想的符号并不相同，往往受到文化的影响。人们的思想可以通过语言或非语言符号的形式表达。

3. 信 息

信息是编码的结果。编码是行为，是动词；信息是结果，是名词。信息表达了信息源想要分享的想法和感受，是信息源内心所思的具体表现，它是交际个体在时空中某一特定时刻的心态的具体写照。信息可以通过语言或非语言符号表达出来，包括词汇、语法和思想的组织，外貌特征，动作，声音以及个人性格的某些方面。

① 严明．跨文化交际理论研究[M]．哈尔滨：黑龙江大学出版社，2009.

4. 渠　道

所谓渠道，就是传递被编码的信息的途径。渠道是把信息源和信息接收者连接起来的物理手段或媒介。信息传递的手段多种多样：可以是书面形式的，如报纸、告示等；可以是电子形式的，如电话、电视等；可以是声波和光波形式的，如广播、录音、图片等。除了使用书籍、电影、电视机、电脑、广播、杂志、报纸、图片等信息传递的渠道外，人们还通过味道、气味和触摸来传递信息，它们也是渠道。

5. 干　扰

任何影响信息的因素统称为干扰。干扰又有多种不同的形式，可以大致归为三类：外部干扰、内部干扰和语意干扰。外部干扰指分散人们对信息的注意力的声音、图像和其他刺激物。外部干扰来自环境，会阻止信息的接收，如和朋友聊天，这时直升机从头上飞过，你们听不到彼此说话，发动机的轰隆声就是外部干扰。内部干扰指信息的发出者或接收者的思想和感受没有集中在交际本身，而集中在其他的事情上，如上课时学生饿了，想着午餐，而没有集中注意去听课。有时，人们的信仰和偏见也会成为内部干扰。语意干扰指信息源发出的信息符号包含多个意思而造成的干扰。

6. 信息接收者

信息接收者是接收并注意信息的人。信息接收者可以是有意图接收信息的，如他就是信息源意欲交际的对象，也可以是无意图的，如他恰巧听到了某个信息。交际通常是一个连续不断的、反复的过程。在这个过程中，人们既是信息源又是信息接收者。

（二）交际的特点

交际是一个包含诸多因素的复杂过程，了解交际的特点能够帮助人们加深对这一复杂过程的理解。

1. 交际是动态变化的过程

交际是一个连续的、不断变化的活动，而不是静止不变的。它就像是一部动画片，而不是一幅图片。交际中人们说出的话语和做出的行为很快就被其他的话语和行为所取代。在交际中，人们不断受到彼此发出的信息的影响，而且在交际过程中交际的各个构成要素之间彼此作用，因此交际处于不断的变化之中。

2. 交际是不可逆转的过程

一旦人们说了话，说出的话被别人听到并且赋予意义，就无法收回自己说出的话。交际一旦发生，就是一个完结的活动，不能被收回，即它是一个不可逆转的过程。

3. 交际具有符号性

符号是人们在交际过程中传达和分享信息的媒介。在交际中，符号是人们思想的载体。符号可以是语言的或非语言的，可以是任何一个代表意义的词语、行为和物体。制造符号是人类特有的能力。动物之间也进行交际，但它们的交际与人类不同，不是以符号为媒介。符号的使用具有主观性，不同文化背景下的人们都使用符号，但是他们赋予了符号不同的含义。

（三）文化对交际的影响

语言是人们交际的重要手段，人们常常认为掌握了对方的语言就能够进行成功的交际。事实并非如此，文化在很大程度上影响了人们交际的方式。文化对交际的影响有两个方面，即对言语交际的影响和对非言语交际的影响。

1. 文化对言语交际的影响

文化对言语交际的影响体现在很多方面，下面主要集中探讨文化对交谈模式和交际风格的影响。

（1）文化对交谈模式的影响。文化对言语交际的影响先体现在对交谈模式的影响。交谈是一种重要的交际方式，人们的交谈模式因为各自的文化不同而呈现差异。一旦人们掌握了某个文化的交谈模式，与人交谈就是一种快乐的体验。

（2）文化对交际风格的影响。来自不同文化背景的人们在交际风格上也表现出明显差异，体现在以下几方面。

①直接交际风格与间接交际风格。

第一，直接交际风格即交际中人们把自己的愿望或意图直接表达出来。交际中人们更多的是依赖语言符号来传达信息。比如，在美国，人们常使用“当然了”“没问题”“毫无疑问”等表达方式直接表达自己的观点，强调语言的准确性。一般来说，西方国家或低语境文化的国家，如美国、英国、德国及加拿大等，多采用直接交际风格。

第二，间接交际风格指在交际中人们会有意识地隐藏自己的意图，或者通过间接的方式表达自己的意图。间接交际风格的特点是使用含蓄的、含糊不清的语言。在交际中，人们更多的是依赖非语言符号来传达信息，人们不依赖“言传”而更多地依赖“意会”，人们对意义的理解在很大程度上来自语境。而且，在间接交际风格的文化中，人们会尽量保全对方的面子，避免发生正面的冲突，以便保持良好的社会关系。一般来说，受儒家文化影响较深的亚洲国家（如中国、日本、泰国及韩国等）倾向使用间接交际风格。

②个人交际风格与语境交际风格。

第一，个人交际风格指在交际中人们强调交际者个人的身份。通常在句子中使用第一人称代词。例如，美国人在交流时，一般比较随意，很少使用正式的称呼，最常用的词语是“you”和“I”。

第二，语境交际风格指在交际中人们强调角色和地位。社会语境决定了词汇的选择，尤其是代词的选择。例如，在泰国，人们在选择代词的形式时要考虑对方的地位和与自己熟悉的程度等因素。又如，日本也是语境交际风格，其语言的特点是使用很多敬语，人们在交谈中要根据自己的地位和对方的地位选择恰当的敬语形式。

2. 文化对非言语交际的影响

文化对交际的影响不仅体现在言语交际中，还在非言语交际中有所体现。非言语行为和文化一样都是代代相传和后天习得的，都是长期历史和文化沉淀而成的某一社会共同的习惯。非言语交际在交际中占有重要的地位。有研究表明，在面对面的交际中，信息的社会内容只有35%是言语行为，其他都是通过非言语行为传递的。因此，了解不同文化在非言语行为方面的差异在跨文化交际中有十分重要的意义。文化对非言语交际的影响主要体现在以下几个方面。

（1）身势语行为。人们对动作和手势等符号赋予的意义呈现出文化的差异。同一个身势语动作在不同的文化中代表不同的含义。例如，“Ok”这个手势在美国表示“同意”等意思，在日本表示“钱”，在法国表示“零”或“没有价值”的意思，在巴西则是一个令人非常反感的动作。又如，点头这个动作在大多数国家的文化中都代表“是”或“同意”的意思，也可以在打招呼时使用，但在阿尔巴尼亚和保加利亚则表示“不”或“不同意”。

表示同一个意思时，不同的文化会使用不同的身势语动作，这再次验证了符号与其代表意义之间的任意性。

（2）近体距离。每个人要求别人与自己保持一定的距离，称为近体距离。一旦别人与自己之间的距离超过允许的限度，人们就会觉得不安和紧张。每一个文化背景下的人们对近体距离的要求都有所不同。在英美文化中，交际时人们保持的近体距离比较大。在并肩同行时，英美国家的人们会保持7—10厘米的距离。异性中国人同行时也往往保持类似的距离，同性中国人则会离得很近。

（3）色彩学。不同文化背景下，色彩的含义也有差异。例如，在美国，白色代表纯洁，是婚礼的主色调，新娘会穿白色的婚纱。又如，紫色在美国代表高贵和神秘，在拉美国家则代表死亡。

第二节　跨文化交际的界定、模式、有效性

世界范围内的人类交际经历了五个阶段：语言的产生、文字的使用、印刷术的发明、近百年交通工具的进步和通信手段的迅速发展、跨文化交际。随着交通工具和通信手段的发展，全球各种文化背景下的人们频繁流动和沟通，这就体现出了跨文化交际的重要性。

跨文化交际常被定义为来自不同国家文化背景的人员之间的交际，很多学者将其限定为面对面的交际。跨文化交际是一个符号的、解释的、相互影响的、与上下文有关的过程。在该过程中，来自不同文化背景的人们相互分享自己的文化、信息。当大量的和重大的文化差异导致不同的理解，并产生期望如何去更好地交际时，跨文化交际就出现了。跨文化交际正如其名所指，是有关不同文化之间的交际和不同文化背景的人员之间对意义归因的互动的过程。

这里将跨文化交际定义为具有不同文化背景的人从事交际的过程，是文化认识和符号系统不同的人员之间的交际。这些不同的文化认识和符号系统足以改变交际事件。

如果把所有的、不同程度的交际都看成跨文化交际，那么跨文化交际将囊括跨民族交际、同一主流文化内不同群体之间的交际以及国际性的跨文化交际等。目前，国外的研究重点几乎放在了各个维度上，我国的研究重点则应集中在国际性的跨文化交际维度上。

一、跨文化交际的界定

文化和交流都依赖一定的符号系统。交际是人们赖以生存、社会赖以活动、文化赖以传承和储存的重要机制。交际会受到文化的影响。在相同的文化中，由于人们共用一套规则，文化可以成为交际的润滑剂；在不同的文化中，特别是在差异很大的文化中，文化就会成为交际的障碍。那么，如何确定交际是同文化还是跨文化呢？

跨文化交际是一种较为特殊的交际，既有一般交际的特点和模式，又有自己的特点和模式。

波特和萨默瓦曾以一个连续体的形式表明不同文化间的差异程度，很直观地表明了不同文化群体之间不同程度的文化差异。如果把所有不同文化之间的

交际都看作跨文化交际，那么跨文化交际包括跨民族交际、同一主流文化内不同群体之间的交际、国际性的跨文化交际等。

在我国，跨文化交际的重点主要集中在国际性的跨文化交际维度上。一般说来，跨文化交际被定义为来自不同国家文化的人员之间的交流，而且许多学者把这种交流限定在面对面交流的层面上。因此，这里所涉及的跨文化交际不包括国内同一主流文化内不同群体之间的交际，只包括国际性的跨文化交际。在交际层面，其包括跨文化人际交往。

二、跨文化交际的模式

许多学者针对跨文化交际的过程、性质、效果等提出了种种跨文化交际模式。关世杰借鉴施拉姆的交流模式描述了跨文化交际的过程，将跨文化交际的过程分为编码、通过渠道传递和解码的过程。但编码和解码是在不同文化的编码中进行的。根据关世杰的跨文化交际过程的模式①，甲文化发送者将所要发送的信息依照甲文化码本和程序进行编码，通过信息渠道传送给乙文化接收者。乙文化接收者依照乙文化码本和程序对信息进行解码。由于文化的共性与差异，解码得到的信息意义与原信息意义既有重合也有改变。乙文化接收者基于这些信息形成意向或做出反应，并依据乙文化码本和程序将意向或反应编码，反馈给甲文化发送者。可以看出，跨文化交际的过程是一个循环的过程，信息发送者和接收者的角色在不断互换。

关世杰和施拉姆都是传播学学者，因此他们所描绘的跨文化交际模式是从传播学的角度出发，强调交际过程，并未涉及跨文化交际的要素和结果。多德则从文化学者的角度分析了跨文化交际的过程。多德引入了“感知文化差异”的概念，将其作为跨文化研究中的重要因素。多德认为，有效的跨文化交际是因为交际者所掌握的“感知文化差异”（PCD）使他们对交际中可能会出现的“不确定性”和“紧张感”有了相应的适应，而固执和文化偏见会导致文化交际的失败。在多德的跨文化交际模型中，他还拓展了“感知文化差异”的概念和假设，指出文化只是造成交际者差异的来源之一，并描述了“感知文化差异”是如何减少交际中的“不确定性”和“紧张感”的，以及如何在多元化的环境中实现有效的交际。多德在模型中提出了“C 文化”（第三种文化）的概念，为交际建构了共同基础，提出了跨文化交际所应该达到的效果。

① 关世杰．跨文化交流学[M]．北京：北京大学出版社，1995.

三、跨文化交际的有效性

不同文化背景的人员之间常常发生着各种跨文化交际行为，交际双方有时是推心置腹的言语交谈，有时是唇枪舌剑的言语交锋，有时是表情、手势的非言语交流。这些交际行为的效果往往是不一样的。信息的发出者和接收者进行的上述交际过程要做到完全一样，即使是具有相同文化背景的两个人也是不太可能的。因此，交际效果不是平常所说的是否理解了对方的意思和表达出了自己的意思，而是在多大程度地分享了信息和降低了误解。

交际过程中的编码、解码、信息发送者、信息接收者、渠道、干扰等都是影响交际效果的要素。在跨文化语境中，信息的发送者和接收者具有不同的文化背景，他们习惯了各自的认知、思维方式，其编码、解码的过程和方式也常带有各自文化的烙印。

有效的交际指的是信息接收方在任何语境下都能够理解信息发出方的意图并做出合适反馈的交际。当然，这种相互理解只是相对的，即双方是否对同一信息做出了相当类似的解释。成功的交际就是双方做到相互理解，但相互理解并不是指双方意见达成一致。双方虽然做到了相互理解，但意见达成一致和保持分歧都是有可能的。不论是相互理解还是共同的意义赋予，都反映了交际者的交际能力。

交际中的误解是指双方对同一信息所做出的诠释不一样。这种误解虽然不能完全避免，但交际并非就此无法进行下去了。要做到有效的交际，一是要有“类似的意义诠释”。交际双方应该掌握对方的语言，了解对方的文化。若是精通对方的语言，能流利地与之用其本族语对话，比要借助他人翻译的交际，效果会更好。古迪昆斯特曾说：“我们侧耳倾听，推测被叙述的事情，然后应用社会背景知识，联想与之相关、可能发生的情况，之后做出对方到底是表达什么意图以及表示何种态度的判断。”在这一过程中，语言、文化知识的作用无疑举足轻重；二是要相互理解，既要力求“己所不欲，勿施于人”——同情（sympathy），又要尽量“人所不欲，勿施于人”——移情（empathy）。后者在跨文化交际中极为重要。与异国文化的人打交道，也许你并不了解对方文化的价值观、思维模式、风俗习惯或是简单的好恶，但只要多站在对方的立场和角度，揣摩对方的意思就会容易得多，也就能避免民族中心主义的倾向。

总之，有效的交际不是通常意义上“达到目的的交际”或“达成一致的沟通”，即使是一方拒绝了另一方的要求，但双方对对方的意图清楚无误，交际就是有效的。要做到有效的交际或改善交际效果，最根本的就是要培养跨文化交际能力。

第三节　跨文化交际学的发展

“跨文化交际学”指的是不同文化背景的人与人之间进行的交际。跨文化交际是一种普遍、长期存在的现象。作为一门学科，跨文化交际学的历史是短暂的。作为一种社会现象和发展过程，它与人类的历史一样悠久，可追溯到原始部落时期。这门20世纪六七十年代在美国兴起的学科虽然理论构架还不够完善，但吸引了越来越多的学者的关注。近年来，跨文化交际学已成为我国外语教学界研究的一个热门课题。语言教师对其表现出兴趣，反映了时代的变化和要求，这是经济全球化掀起的浪潮、国际交流合作以及竞争日益激烈的必然结果。社会对外语人才的需求不仅体现数量上，还体现在质量上。人们意识到仅注重语言能力方面的培养已远远不能满足现代社会的需求，于是跨文化交际学应运而生，促使人们从跨文化交际的角度对外语教学进行深入思考。

一、跨文化交际学的定义

“跨文化交际学”到底是一门什么样的课程？贾玉新认为，跨文化交际学是以运用众多相关学科的理论研究成果为基础，展示不同文化背景的人们在交际时会发生什么、怎么发生的、为什么发生、产生什么后果以及如何解决和避免交际障碍和文化冲突，以达到有效的交际。① “跨文化交际学”研究具有不同文化背景的人们在各类交际活动中涉及文化的种种问题。② 跨文化交际学是在普通交际学的交际论的基础上，博采众长，吸收众多相邻学科的理论和成果发展起来的一门交叉学科。这门学科以科学的理论和大量的事实揭示了跨文化交际这一动态多变的过程，探索它的本质和规律，以演绎的方法探索交际行为、编译码过程、交际方式、语篇结构等方面与其底层文化的关系。这门学科还在文化对比的基础上，以大量的数据和事实让人们了解了不同文化在交际过程中可能产生的各种文化差异，并对文化差异产生了高度敏感性。当然，本学科研究的宗旨在于通过比较、追本溯源以及理论分析使人们达到有效的交际。

① 贾玉新 . 跨文化交际学 [M]. 上海：上海外语教育出版社，1997.

② 戚雨村 . 语言 · 文化 · 对比 [J]. 外语研究，1992（2）：3—10.

二、跨文化交际的发展

当今社会人口结构越来越复杂化，信息流通越来越发达，文化的更新和渗透也日益加快，各种文化的发展均面临着不同的机遇和挑战，新的文化也将层出不穷。我们在现代复杂的社会结构下，必然需求各种不同的文化服务于社会的发展，这些文化服务于社会的发展，就造就了文化的多元化，也就是复杂社会背景下的多元文化。

尽管多元文化主义一词近年来已被频频地使用，但如同“文化”“全球化”这些高度使用却无公认的定义一样，多元文化主义的内涵至今未有一个清晰的界定。王希在《多元文化主义的起源、实践与局限性》一文中将多元文化主义的内涵进行了剖析。多元文化主义因不同领域的不同用途而有着不同的内涵，它既是一种教育思想、一种历史观、一种文艺批评理论，又是一种政治态度、两种意识形态的混合体。王希在文章中指出，美国是一个多元民族和族裔构成的国家，美国文化是一种多元的文化；不同民族、族裔、性别和文化传统的美国人的美国经历是不同的，美国传统不能以某一个民族或群体的历史经验为准绳。群体认同和群体权利是多元文化主义的重要内容，也是美国社会必须面临的现实。

多元文化是美国的产物。从广义上讲，任何一个国家都存在多元文化现象。就中国文化而言，文化多元化的理解是指一个国家或一个民族在社会发展的过程中，在继承本民族优秀文化的基础上，兼收并蓄其他国家或民族的优秀文化，从而形成以本国或民族文化为主，外来文化为辅的和谐社会氛围。

多元共存是指各种文化都有平等的生存权利和发展空间，互相之间应该平等共处、和谐发展。它是文化多元化的价值追求和基本特征，也是文化发展的内在规律和内在要求。经济全球化是文化多元化的基础和前提。自 20 世纪 80 年代以来，随着经济全球化的不断发展，世界文化多元化已成为历史发展趋势；而信息网络时代所带来人与人之间交往的便捷和网络独有的特性又激发和增强了人们的民族意识和对民族文化的认同感。另外，因为每一种民族文化都具有其他文化所没有的优势因素。因此，文化的多元共存为各种文化的相互交流、取长补短提供了条件。各种文化在彼此借鉴优势、共同发展和繁荣的过程中产生了互相依存的共生性，从而形成了多姿多彩、魅力无穷的人类文化景观。

在跨文化交际中，东西方文化是跨文化研究的主体。东西方文化在意识形态、语篇形式、面子系统等多方面存在这样或那样的差异。由于文化定式所带来的偏见，跨文化交流会妨碍我们进行有效的交际。为了有效促进跨文化交际，我们就需要提高跨文化交际能力，就得先了解不同文化的语言、不同文化的交际风格、了解不同文化的价值观、思维方式以及文化传统。要学会适应对方的文化，学习对方文化的相关知识，增加与对方文化接触的机会，寻找东西方人际间和文化间的共性，认识差别的合理性。

跨文化研究的对象除了东西方文化外，不同群体之间的亚文化也是跨文化研究的领域。我们知道文化又是特定群体心智的产物，由群体共同创造、由群体意识约定俗成。这种群体成员之间约定俗成的性质是群体的思想、行动和情感的共同准则，是群体生活世界的一部分。当一个社会的某一群体形成一种既包括主文化的某些特征，又包括一些其他群体所不具备的文化要素的生活方式时，这种群体文化被称为亚文化。一个亚文化群内的成员，其文化特征有明显的相似性。不同亚文化之间，其文化特征表现出可见的差异。代际文化属于亚文化这一范畴。亚文化的特征告诉我们，在多元文化并存的时代，各代之间有共性的特征，也有异性的特征。处在同一时代、同一文化体系中的代际文化各自具有鲜明的代际特色，但各种代文化彼此之间是时刻不停地进行着相互交流和相互作用的融合。在相互融合的过程中，每一种文化都按照自己的价值观念和标准进行自主的选择，吸纳来自不同文化的精髓，不断丰富和发展自己。因此，文化在任何时候都是一个动态的、开放的、不断变化着的系统。它的发展、壮大，永远离不开与其他文化的交流、沟通和传播。为了促进各代之间的有效交际，代与代之间应求同存异，寻找代际间和文化间的相似性，尊重每代人的独特性，认识到不同代之间差别的合理性，与不同代人之间建立亚文化共享，这样才能达到《论语・子路》中孔子所说的“和而不同”的局面。跨文化交际学者孔斯特在《与陌生人交际——跨文化交流方法》一书的最后一个章节提出“Building Community（社群建设）”的概念。（指的是人与人之间的共同利益和情谊或有外部联系纽带的团体。）我们要学会建立“亲他”社群，能以开放的胸怀接纳与我们不同的人。

多元文化，无论是同一民族内的代际文化，还是不同民族的交际交流，跨文化交际在融合的过程中都会伴有冲突，没有冲突就没有融合，而且融合本身就包含着冲突或矛盾。它们之间不是一种天然对立的关系，而是一种相互渗透、对话、融合和竞争的关系。多元的文化保持其生命力的途径是正视冲突，吸收借鉴其他文化的有益成分，使自身文化得以更新和发展。世界上的各种文化和民族之间应和谐而又不千篇一律。在世界这个大家庭中，大家互相尊重，坦诚相见，这样我们才能建立一个求同存异的强大社群。一个人可以改变一种关系，从而影响一个社群。因此，我们要从自我做起，要关注自己和他人。世界上的各种文化也应在和平竞争中取长补短、在求同存异中共同发展。因为每一种文化都是一个民族的基本象征，包含着一个民族特有的价值观念、行为方式，凝聚着一个民族的精神实质。

三、跨文化交际学科的发展前景

（一）“跨文化”相关学科的增加推动跨文化交际的学科理论建设

在现代科学研究中，无论是社会科学还是自然科学研究都呈现出不断分化和高度综合并向的趋势。不断分化意味着学科内部研究的深入，专业分得越来越细；不断综合意味着不同学科之间的互补性和渗透性等内在联系越来越紧密。以“跨文化”命名的学科不断产生，跨文化交际学便是其中之一。从本质上看，它与以“跨文化”命名的系列学科具有差异性和一致性。以“跨文化”命名的系列学科越发展，跨文化交际越能从中吸收有用的成果，从而推动跨文化交际学科的发展和完善。这些学科对跨文化交际学科的建设起着直接或间接的推动作用。例如，“跨文化心理学”和“跨文化教育学”，对跨文化交际学的发展有着直接的促进作用。因为跨文化交际的过程，实质上就是跨文化心理调适和互动的过程，同时也是跨文化学习和教育的过程。不同民族的文化都与不同民族的心理紧密联系在一起。而不同的民族心理都由不同民族的教育方式、教育内容、教育环境等决定。对于不同的民族心理和民族教育的深入研究有助于为跨文化交际研究提供大量的实证经验材料，从而推动跨文化交际研究的深入进行。这些以“跨文化”命名的学科的产生、发展及成果不断丰富着跨文化交际学的学科内涵，推动着跨文化交际学的学科前进。

（二）多国跨文化交际合作研究促进跨文化交际的学科发展

跨文化交际学的研究对象和学科特点决定了它在一定程度上受多国跨文化交际合作研究的广度和深度的影响。多国合作研究的广度和深度与跨文化交际学科发展水平有着紧密的联系。在广度上，多国合作研究促进多元文化的交流、整合与优化，帮助交际者克服民族文化中心主义和文化偏见，最终达到双赢，使跨文化交际研究的视野更加开阔，领域得到进一步拓展。在深度上，多国跨文化交际合作研究有助于学科本身一些命题的深入探讨，同时由于多国思想的碰撞而产生的灵感火花有益于突破和解决跨文化交际学科的难点。因此，在跨文化交际学的学科建设过程中，经常开展跨国间的专项课题合作研究有助于推动跨文化交际学科建设的发展。多国跨文化交际合作研究，是我国对外汉语界、外语界以及一些企事业单位的需要，也是世界各国经济和文化发展的必然需求。跨文化交际研究领域是全球性的，随着多国交流合作研究的进一步发展，跨文化交际的科研机构也将遍布全球。我国近几年关于这方面的多国合作成绩卓著，既有校际的合作交流，又有省级和州级以及国家之间的合作交流。国内外定期举行的国际跨文化交际研讨会推动着宏观研究、微观研究、综合研究以及专题研究的不断深入。我们可以预想，在跨文化交际方面，多国合作研究的趋势在全世界范围内会越来越强。

（三）全球新现象、新事物扩大跨文化交际的研究范围

文化全球化既是跨文化交际的产物，又推动了跨文化交际向纵深方向发展。目前的跨文化研究课题多数都是传统命题，如跨文化意识、言语交际和非言语交际等，而直接针对文化全球化带来的新问题展开跨文化交际研究的新成果还很少。事实上，在全球化时代，存在着需要跨文化交际学深入研究的新课题还有很多。概括起来，主要有以下几个方面的课题有待研究：①全球化给跨文化交际带来的机遇和挑战的综合研究。②全球化进程对多元文化合作与交流影响的研究。③关于虚拟世界的跨文化交际研究。互联网带来了以网络文化为主体的虚拟世界，跨文化交际从真实延伸到虚拟。跨文化交际在虚拟世界的表现有哪些？虚拟世界与真实世界的跨文化交际的异同比较？虚拟世界跨文化交际的制度和准则怎样完善？虚拟世界跨文化交际对全球文化发展的影响怎样？怎样规避虚拟世界跨文化交际的风险等这些问题都需要进行研究。④关于全球化时代强势文化与弱势文化关系的研究。例如，弱势文化在文化全球化时代如何保持自己的民族文化特质？弱势文化如何在跨文化交际中扬长避短？⑤对跨文化交际学与其他以“跨文化”命名的学科之间关系的研究。⑥受全球化影响，各国语言和非语言交际变异以及变异的表现形式、基本特征以及发展趋势的研究。此外，在跨文化交际研究中如何进行研究方法的变革、如何将宏观研究与微观研究结合起来、如何将定性分析与定量分析结合起来、如何将理念研究与实际运用结合起来，如何推进跨文化交际学科建设等问题，都是跨文化交际学研究的重大课题。

从跨文化交际学科建设的角度看，在全球化时代的地球村，跨文化交际学的研究空间需要不断拓展，研究对象层出不穷，研究方法和途径需要更加丰富，理论与实践有待结合得更加紧密，理论研究深入进行的任务还很艰巨，研究队伍需要加强和充实。跨文化交际的学科前景有待当代的有志之士去描绘、去开拓。

第三章　文化与跨文化交际

第一节　文化的特点与渊源

一、文化的特点

（一）民族性

就文化的产生和存在来说，文化原本就是民族的。因为人类的文化总体上看就是由各民族文化共同构成的，从不同民族的角度出发分析文化，其自然就具有民族性。民族是一种社会共同体，因此越是古老的社会，其文化的民族性就越明显。每一个民族都有能够体现本民族特色的文化。例如，维吾尔族能歌善舞，蒙古族擅长骑马射箭，等等。中华民族是以汉民族为主体的多民族共同体，共同的文化正是使五十六个民族统一为一个民族——中华民族的原因。

（二）符号性

文化不是与生俱来的，而是在人们不断地习得与传授中积累下来的。以语言为例，语言是文化的构成要素之一，语言的符号性特征最为明显。语言中不同的语音、形态等语言要素体现了符号的任意性特征，如汉语中的“猫”，其英文是cat，法语是chat，德语是katze。

人本身就是一种“符号的动物”，符号化的思维和行为是人类生活中最富有代表性的特征。人类创造了文化世界，更为自己创造了一个“符号的宇宙”。在文化创造中，人类不断地把对世界的认识、对事物和现象的意义及价值的理解转化为一定的具体可感的形式或行为方式，从而使这些特定的形式或行为方式产生一定的象征意义，构成文化符号，成为人们生活中必须遵循的习俗或法则。人们既创造了这些习俗和法则，又必须自觉受这些习俗和法则的制约。人类创造的文化符号可以分为两类：语言符号和非语言符号。

（1）语言符号包括口语和书面语。文化传承的口语传递是通过一代又一代人的亲身实践或口口相传（年轻一代通过交际和学习来继承老一辈的文化传统来实现的。至于书面语的文化传递，世界上几乎所有的国家或民族的文化传统）都以书面语的形式记录在竹简、羊皮纸或纸张上，由于这些介质易于存放，可以长时间保存，因此今天才得以借助浩如烟海的历史文献或书籍来了解并学习本国以及其他国家多彩多姿的文化。

（2）非语言符号是指语言以外的各种信息传达形式，如面部表情、手势、身体动作等，它们都具有特定的文化内涵。从广义上说，雕塑、绘画、照片等一些物化的文化载体以及戏剧、电影等都属于非语言符号，因为它们都以某种方式体现着某种文化内涵。例如，北京的故宫除了众多具有典型中国古代建筑风格和特色的古建筑以外，还存有我国历史上许多朝代的帝王所留下的大量的文化古迹以及包括珠宝、字画、服饰等在内的浩瀚的文物古董。它们既是中华民族的宝贵财富，也是代代相传的物化的中华文化。

（三）兼容性

任何文化都具有兼容性，这是文化得以生存、发展的内驱力。

按照文化兼容的程度，可以将文化分为开放式文化和封闭式文化。这里的“开放”与“封闭”是相对而言的，因为根本就没有完全开放的文化，也没有完全封闭的文化。

人们常常这样形容这两种文化：开放的文化就像一滴只看到浩瀚大海的雨水，因为忽略了其自身的文化个性，消除了文化间的良性差异就会逐渐消融在其他文化之中；封闭的文化则像井水，因为缺乏与其他优秀文化的交流而失去了发展更新的源泉，最终慢慢枯竭。这种现象在人类的发展史上更是层出不穷，如古代埃及推崇皇室内部近亲结婚的所谓宗室血统纯正的文化在现如今发达的生理学和遗传学的研究中被证明存在严重的遗传缺陷和弊端。如此不仅达不到保持血统纯正的目的，反而会使遗传下来的血统不能够正常存活，影响了整个社会的发展。总的来说，文化因为兼容而发展，因为兼容而繁荣。

（四）整合性

吴为善和严慧仙认为，文化是一个群体行为规则的集合体，可以被理想化地推定可能出现在某一社会或群体的所有成员的行为之中。而由群体历史所衍生及选择的传统观念，特别是世界观、价值观等文化的核心成分，常被称为“民族性格”“文化实体”。可见，文化是一定区域内的一定文化群体为满足生存需要而创造的一整套生活、行为、思想的模式，是一个由多方面要素综合而成的复杂整体。

所谓文化的整合性，是指一种文化得以自我完善和形成独特面貌的动力。它在保证文化随时间变迁的同时，可以在一定程度上维持文化的稳定秩序。例如，在中国延续了两千多年的传统文化中，融自然哲学、政治哲学和伦理哲学为一体的“天人合一”的世界观，以“经国济世”为目的的实用理性等精神元素，这些作为中国文化的“内核”，始终在中国文化传统的形成中发挥着“整合”的作用。同时，其他组成要素互相融合、互相补充、互相渗透，共同发挥着塑造中国的民族特征和民族精神的功能。经过这种整合而形成的中国文化是一种完全不同于欧美文化的独特模式。

由于不同文化具有不同的文化“内核”，其也会导致在认知模式、价值观、生活形态上的差异，这些差异在交际过程中必然会形成文化的碰撞，而跨文化交际中的误会、冲突也正源于此。如果交际双方均不能理解对方的文化，那么将会产生与交际预期的巨大反差，从而产生令人不满意的结果。

（五）传承性

文化既是可习得的，又是可以传承的。文化可以从一个传承者向另一个传承者进行传承，也可以由上一代传承到下一代，不断发展。布瑞斯林认为，如果某些价值观已存续多年并被认为是社会的核心理念，这些价值观必定会代代相传下去。

文化的传承性使文化变得可积累。在没有文字的社会，人们通过口头形式把自己的经验、知识、信仰、观念传承给下一代。后来，则主要通过文字形式相传下去。由于文化具有传承性，任何文化都包含历史的积淀。例如，在春节，中国会挂红灯笼，这是中华民族数千年来传统文化延续的表现。

二、中西方文化的渊源

（一）中国文化的渊源

中国文化发祥于黄河流域。中华民族享受着大自然的恩赐，人们可以在其固定居住地附近从事相关的农耕活动，因此我国在历史的不断变迁中最终形成了以农耕为特色的文化风俗体系。中国农耕文化集合了儒家文化和其他宗教文化，有独特的文化内容和特点，主要包括语言艺术、思想哲学、社会风俗等。

儒家、佛家、道家对中国文化的形成与发展产生了巨大影响，是中国文化的主要渊源。

总的来说，中国文化在发展中形成了独具特色的价值观，表现为以“仁爱、礼谦、顺从”为核心的道德价值体系，其特点如下：

（1）天人合一，顺天应物。中国文化提倡人与自然是和谐存在的一个整体，且自然界中存在的很多不能解释的现象均是天意，人凡事都应顺从天意。

（2）贵和尚中。中国人倡导“君子和而不同”的理念，追求中庸之道的处世原则和策略。

（3）家族伦理本位。中国人的家族意识很强，维护整个家族的利益是每个家族个体应追求的目标，同时家族个体也应受制于家族制度和规约。

在中国，人们特别看重言论的力量，提倡在交际中运用含蓄、隐讳的表达方式，这也是中国文化的一大特色。此外，人们还特别关注权威人士的言论与看法，经常引经据典、旁征博引。

（二）西方文化的渊源

西方文化属于科学文化，其特点是“重物质，轻人伦”，价值取向以功利为本位，重分析，轻综合，重概念，忌笼统，强调人权，主张个人至上，重视特殊的辨识。

西方文化源于希伯来文化与古希腊罗马文化，同时基督教文化也对西方人的道德观念和价值取向产生了较大影响。

1. 希伯来文化

在公元前 3 000 多年，希伯来人居住在阿拉伯半岛，人们以牧牛和羊为生。随后，希伯来人北迁，到达两河流域，并逐渐发展了苏美尔文化和古巴比伦文化。大概过了 1 000 年，希伯来人逐渐离开了两河流域，向北或向西迁移和发展。“希伯来”的字面意思是“从大河那边来的人”。希伯来人在长期的游牧生活中形成了较强的感知世界的能力。他们善于将事物与其功能联系在一起，所以可以将希伯来文化用“实用、公正、道德”来概括。

2. 古希腊罗马文化

欧洲大陆的文化起源于古希腊罗马时期。古希腊位于欧洲大陆的东南部，古罗马位于欧洲大陆的南部，平原较少，多山少河，不适合农业的发展，当地人不得不向外开拓经济，发展工商业和海上贸易。在古代，海上贸易面临的最大的一个难题就是安全，人们不得不冒很大的风险从事贸易活动，这种不利的地理因素造就了西方人勇于探险、喜欢尝试新鲜事物、善于创新的性格特点。可以说，古希腊人的这种以海商为主的生存方式使他们形成了平等、民主和崇尚个人主义的思想意识。古希腊文学、哲学、艺术等都表现了古希腊人对宇宙、自然与人生的理解与思考。随着希腊文明的逐渐衰落，罗马文化在继承希腊文明的基础上得以发展。

第二节 跨文化交际与翻译

一、跨文化交际的定义

目前，人们普遍认同的定义是，跨文化交际是具有不同文化背景的人通过语言、信号、文字方式进行的思想、信息交流。它通常指的是具有不同语言文化背景的不同民族成员之间的交往活动，也指同一语言的不同民族成员之间的交际。有人认为它是一切语言文化背景有差异的人们之间的交际。简单地说，跨文化交际就是具有不同文化背景的人们之间的交际。

由于每一个人的文化和社会背景、生活方式、受教育状况、宗教信仰、性别、年龄、政治信念、经济状况以及爱好、交友条件、性格等方面都存在或多或少的差异，因此在交际过程中说话人与听话人对信息的理解很难达到百分之百的一致。不同的民族所处的生态、物质、社会及宗教等环境均有所不同，因此生长在不同语言环境下的人们就会产生不同的语言习惯、社会文化、风土人情等。不同的文化背景造就了人们不同的说话方式或语言习惯。从这个意义上讲，任何人之间的交际都是跨文化交际，差异仅是程度上的，而非本质的。在跨文化交际中，交际双方的文化背景可能大致相似，更可能相去甚远。文化距离可能是国际、民族、政治制度等的差异，也可能是社会阶层、地区、教育背景、性别、年龄、职业、爱好或兴趣等的差异。

二、翻译与跨文化交际

（一）翻译的跨文化交际属性

语言交际在不同文化中均是以自身默契来编码和解码的，而中西方跨文化交际是要从不同角度去理解中西方社会的不同人生观、价值观、世界观，以建立跨文化的中西方共识，以促进中西方文化之间的沟通，追求新文化、新价值标准为中介，并使交际双方彼此都接受，以避免不同文化之间的冲突，从而实现成功的跨文化交际。

不同文化之间的交流、不同思想之间的碰撞均离不开语言。从本质上说，翻译是在一定社会语境下发生的交际过程，是一项跨语言、跨文化的交流活动。翻译主要涉及两种语言，即将一种语言以最近似、最等值的形式转换成另外一种语言的人类社会实践活动，是一种将语言文字、语言知识、文化修养结合起来的综合性艺术，这也是它的跨语言性。因此，翻译是一种语言社会实践活动，既具有跨文化性，又具有交际性。

如今，文化研究在全世界都是一个热门话题，从文化的视角尤其是跨文化视角来研究翻译也渐渐成为一种潮流，文化因素在翻译中的作用越来越受到重视。近20年来，翻译研究主要有两种倾向：一是翻译理论被深深地烙上了交际理论的印记；二是翻译从注重语言的转换逐渐转向了注重文化的传达。以上两种倾向的结合就将翻译看作一种跨文化交际行为。

（二）跨文化交际与翻译研究及实践

吕俊指出，翻译的本质是传播，它是一种跨文化的信息交流与交换活动。随着跨文化交际学的出现，有学者提出，翻译即一种跨语言、跨文化的交际活动。译者除了要掌握基本的语言知识和相应的语言技能，还要深入、灵活、有效且具体地传达原文的思想，应了解源语与目的语的文化。只有具备了一定的跨文化交际能力，译者才可能使译文达到“最近似的自然等值”或者完成相类似的文化功能。

不同民族文化在对社会现象的观察上存在一定差异，这种差异是影响交际顺利进行的主要障碍。在跨文化交际过程中，交际各方不仅要非常熟悉本族的语言、文化，还要充分了解对方的语言、文化。只有这样，才能保证交际顺利地进行。

事实上，造成跨文化交际的最大的一个障碍就是文化差异。因此，为了达到跨文化交际的目的，译者就要淡化自己的文化。

翻译是一种跨文化交际活动，它的主要任务是将一种语言的文化内涵转换到另一种语言中去。译文是否忠实于原文主要取决于译者对两种语言及其所表达的文化内涵的细微差别的掌握情况。

跨文化交际学为从跨文化角度审视特定文本所处的语境和语言特征提供了科学的方法。跨文化交际的理论与研究方法为文本、语篇的生成与传播的宏观语境和微观语境、文化氛围的客观认知，对信息接收者的整体特点与具体个性的确切了解，精确翻译文本、语篇中“符码”所蕴含的文化信息，以及确定翻译标准的适度性、翻译技巧选用的测量性、保证翻译的合理性、翻译质量的优质性、翻译传播效果的实效性提供了定性的或定量的依据。

从国内的研究成果来看，有些学者注重讨论西方人的思维模式、价值取向、道德规范、社会习俗、交往和生活方式等；有些学者注重从这些方面对中西方语言文化进行对比研究；有些学者从语言的功能，文字的音、形、义以及文化效应的角度对英语和汉语进行更深层次的比较；有的学者从社会交际、日常交往及其语言表达方式等方面对英语和汉语的运用进行比较；有的学者从翻译学的视角出发，研究英语和汉语互译中如何使用译入语恰当、准确地表达源语的语义以及其中蕴含的文化问题，注重对翻译方法和翻译技巧的讨论。总之，这些学者的观点和研究均为丰富和发展跨文化交际学理论做出了较大贡献。

第三节　英汉文化差异对比

一、英汉文化对比研究的具体阶段

英汉文化的交流开始于西汉开辟的丝绸之路，但是从真正意义上而言，我国对英汉文化进行对比研究是在鸦片战争之后，国人开始思考不同民族文化的相关内容。同时，政治、经济的变革也对文化研究的兴起起了推动和促进作用。

事实上，可以对最近 40 多年的英汉文化对比研究做进一步的划分，具体如表 3-1 所示。

表3-1　近40年英汉文化对比研究的具体阶段

阶　段	时　期	特　点
第一阶段	20 世纪 70 年代末	开始解冻期
第二阶段	20 世纪 80 年代	文化名人引领潮流期
第三阶段	20 世纪 90 年代	团体意识及学科意识增强
第四阶段	21 世纪初	百花初绽期

二、英汉文化对比研究的范畴

事实上，英汉文化对比研究是在语言对比研究的基础上发展而来的，和英汉语言对比研究在很多层面具有相似性，并逐步建立起一门新的独立学科——英汉对比文化学。就研究的范畴来看，英汉文化对比研究具体涉及以下几个方面，如表 3-2 所示。

表3-2 英汉文化对比研究的大体范畴

理论研究	应用研究
（1）有关文化的概念问题 （2）有关文化的属性问题 （3）有关文化的结构问题 （4）有关语言与文化之间的关系的问题	（1）外语教学 （2）对外汉语教学 （3）英汉翻译服务 （4）提升人们的文化交际能力（如口头、书面两方面） （5）提高人的文化素养

三、英汉文化对比研究的方法

通常，在对英汉文化进行对比研究时，既可以采用历时研究法，又可以采用共时研究法，并且两种研究方法都得到了广泛的应用。然而，在进行具体研究时应根据具体情况加以选择，或者在必要时将两种方法有机地结合起来。例如，在文化对比研究的高级阶段，可开设文化史、文学史和语言学史等课程，采取历时研究法的方法。值得注意的是，英汉文化对比研究是由点到面、一步步地进入全面系统的研究，即从点到面逐步实现系统化。

四、英汉时空观念差异

（一）时间观念差异

1. 英语文化下的“将来时间取向”

英语文化下人们的时间观念呈现出明显的“将来时间取向”。例如，美国作为一个移民国家，仅有200多年的历史，这对其他历史悠久的文明古国来说很短。最早到达美洲大陆的那批移民来自欧洲，他们为美洲大陆带来了新鲜的血液，逐渐开发了整个美洲大陆，在这期间他们也形成了自己的文化，这种文化在欧洲文化的基础上改良而来，源于欧洲文化，但又同欧洲的传统文化不同。美国人在个性方面体现出追求个体独立、讲求个人奋斗、追求实利和物质享受等特点。在他们看来，时间失而不可复得，因此他们都不太留恋过去，而是更多地关注现实生活，抓紧每时每刻享受生活。在美国人眼中，时间是有限的，这就使他们具有了较强的时间观念，“Time and tide wait for no man.”（时不我待。）是其潜在的意识。这种强烈的时间观念使西方人把更多的注意力放在了未来事情的规划和实现上，他们相信“A future is always anticipated to be bigger and larger.”（未来总是美好的。）

2. 汉语文化下的“过去时间取向”

与英语文化下明显的“将来时间取向”正好相反，汉语文化下的人们呈现出明显的“过去时间取向”。

中国具有灿烂的历史文化，中国人以此为傲，因此十分看重历史。例如，华夏族的祖先尧、舜、禹等都被历代帝王敬重；人们习惯用圣人之训、先王之道来评价个人或者事情，如“前所未有”“前无古人，后无来者”“后继有人”等说法。

中国人聪明且存智慧，善于观察，受昼夜更迭、四季交替等现象的影响，逐渐形成了一种环式时间观。环式时间观容易给人一种时间的富裕感，因此人们做事情总是不紧不慢，认为还有时间。所谓“失之东隅，收之桑榆”，中国人认为失去的东西还能有时间补回来，这就使人们渐渐形成了“过去时间取向”。时至今日，随着社会的发展，虽然中国人不再过分关注过去，而是更多地关注未来，但是不可否认的是，过去仍然存在于中国人的心中，并或多或少地影响着中国人的生活。

（二）空间观念差异

空间观念指的是人们在长期生活实践中逐渐形成的、有关交际各方的交往距离和空间取向的约定俗成的规约以及人们在社会交往中的领地意识。英汉文化在空间观念上的差异具体体现在领地意识、交往距离和空间取向等方面。

1. 英汉领地意识差异

根据霍尔的观点，领地意识是一个专业术语，用于描述所有生物对自己领土属地或势力范围的占有、使用和保护行为。领地又可以进一步分为个人领地和公共领地。个人领地是指个人独处和生活的范围，如住房、卧室等。公共领地是指家庭成员或社会成员共同拥有的场所、设施等。英汉文化在领地意识方面的差异主要体现在以下几个方面。

（1）领地标识方面的差异

在领地标识方面，英汉文化也呈现出明显的差异。中国人口稠密，而且个人空间比较少，因此中国人习惯用有形的物品明确地将领地与公共空间隔离开。

（2）领地占有欲方面的差异

相比较而言，英语文化下的人们的领地占有欲更强烈，其领地概念甚至延伸到对个人物品的独占。例如，在工作单位或公共场合，人们都时刻明确划分和维护自己的领地范围，即使是在自己的家里，也不允许他人随意进入自己的房间。同时，他们还十分注重自己隐私的保护，不愿意别人打探自己的隐私，即便是和自己关系亲密的人。汉语文化下的人们受聚拢型文化的影响，更愿意和别人分享。

2. 英汉交往距离差异

交往距离又称为“近体距离”，指的是交往中交际各方彼此之间的间隔距离，包括人情距离、社会距离和公众距离。英汉文化下的人们的交往距离也存在一些差异。

英语文化下的人们常年生活在地广人稀的环境中，习惯于宽松的生活环境；因此他们很惧怕拥挤，在与人交往中也总是将自身范围扩展到身体以外，与他人保持一定的体距。通常情况下，南美洲、非洲、东欧、中欧等地区的近体度较小，而美国、英国、德国、澳大利亚、日本等国家的近体度较大。例如，在与对方进行交谈时，英国人习惯于保留一个很大的身体缓冲带。在公共场合，德国人总是自觉地依次排队。

3. 英汉空间取向差异

空间取向指的是交际各方在交往中所处的空间位置、朝向等。空间取向最常涉及的就是座位安排问题。下面主要对英汉文化在就餐和会议座位安排两方面的差异进行具体分析。

（1）就餐座位安排

英汉文化下就餐座位安排的不同之处在于，英语文化下安排餐桌座位通常以右为上、左为下，汉语文化下安排餐桌座位以面南（或朝向房门）为上、面北（或背向房门）为下。如有夫人出席时，英语文化下的人们以女主人为主，让主宾坐在女主人右上方，主宾的夫人坐在男主人的右上方，主人或晚辈坐在下方。

（2）会议座位安排

在会议座位安排方面，在商务谈判和会议等正式场合中，英汉文化下的就座安排基本相同，都是右为上和面向房门为上。但在非正式场合中，西方人总是彼此呈直角或面对面就座，前者往往是谈私事或聊天，而后者则态度较为严肃、庄重。如果同坐一侧，就表明两人关系十分密切，通常是夫妻、恋人或密友。而中国人在谈私事、闲聊时，无论彼此关系是否达到亲密的程度，都喜欢肩并肩并排就座。

第四章　跨文化交际与英汉翻译

第一节　文化差异对翻译的影响

翻译不仅是一种语言之间的转换活动，更是一种文化之间的信息交流活动。从某种程度上来看，译者对英汉文化差异的正确解读对翻译的成败起着至关重要的作用。概括来说，文化差异对翻译的影响主要体现在以下两个方面。

一、文化误译

文化误译是由文化误读引起的，是指在本土文化的影响下，习惯性地按自己熟悉的文化理解其他文化。文化误译是中国学生在英汉翻译中经常出现的问题。

【例 1】It was a Friday morning; the landlady was cleaning the stairs.

误译：那是一个周五的早晨，女地主正在扫楼梯。

正译：那是一个周五的早晨，女房东正在扫楼梯。

英语文化下的人们有将自己的空房间租给他人的习惯，并且会提供打扫卫生的服务。房屋的男主人被称为 landlord，房屋的女主人被称为 landlady。所以，该例中的 landlady 应译为“女房东”，而不是“女地主”。

【例 2】“You're a chicken!” he cried, looking at Tom with contempt.

误译：他不屑地看着汤姆，喊道：“你是个小鸡！”

正译：他不屑地看着汤姆，喊道：“你是个胆小鬼！”

大多数中国学生都会将 chicken 译为“小鸡”，这是因为汉语中只有“胆小如鼠”一说，并无“胆小如鸡”的概念。事实上，英语中的 chicken 除本义外，还可用来喻指“胆小怕事的人”“胆小鬼”，故“You're a chicken!”的正确译文是“你是个胆小鬼”。

【例 3】John can be relied on；he eats no fish and plays the game.

误译：约翰为人可靠，一向不吃鱼，常玩游戏。

正译：约翰为人可靠，既忠诚又守规矩。

该例中的 eats no fish 与 plays the game 的字面意思为“不吃鱼”“经常玩游戏”，但在这句话中显然是讲不通的。实际上，这两个短语都有其特定的含义。英国女王伊丽莎白一世规定了英国国教的教义和仪式，部分支持此举的教徒便不再遵循罗马天主教周五必定吃鱼的规定，于是“不吃鱼”（eat no fish）的教徒就被认为是“忠诚的人”。而玩游戏的时候总是需要遵守一定的规则，因此 play the game 也意味着必须守规矩（follow principles）。不了解这些文化背景，想要正确地翻译是不可能的。

可见，在英汉翻译时应根据具体语境，并结合文化背景，准确地理解原文的含义，然后选择恰当的翻译技巧进行翻译，切忌望文生义。

二、翻译空缺

翻译空缺是指任何语言间或语言内的交际都不可能完全准确、对等。更何况英语、汉语分属不同的语系，翻译的空缺现象在英汉语言交际中表现得尤为明显，给翻译的顺利进行带来了障碍。英汉翻译中常见的空缺有词汇空缺和语义空缺两大类。

（一）词汇空缺

尽管不同语言之间存在一定的共性，但也存在各自的特性。这些特性渗透到词汇上，就会造成不同语言之间概念表达的不对应。这和译者所处的地理位置、自然环境，所习惯的生活方式、社会生活等相关。

有些词汇空缺是因生活环境的不同而产生的。例如，中国是农业大国，大米是中国南方主要的粮食，因此汉语对不同生长阶段的大米有不同的称呼，如长在田里的叫“水稻”，脱粒的叫“大米”，煮熟的叫“米饭”。而在英语文化下，不论是“水稻”“大米”还是“米饭”都叫 rice。

语言是不断变化发展的，随着社会的发展、科技的进步，新词汇层出不穷。例如，1957 年 10 月第一颗人造地球卫星发射成功后就出现了 Sputnik 一词，而该词随即在世界各国的语言中出现了词汇空缺。再如，1967 年 7 月，当美国宇航员登上月球后，英语中首次出现了 mooncraft（月球飞船）、moon bounce（月球弹跳）、lunar soil（月壤）、lunar dust（月尘）等词，这也一度成为各国语言的词汇空缺。

因此，在英汉翻译中要特别注重词汇空缺现象，要认真揣摩由词汇空缺带来的文化冲突，采用灵活的翻译方法化解矛盾，翻译出优秀的文章。

（二）语义空缺

语义空缺是指不同语言中表达同一概念的词语虽然看起来字面含义相同，但实际上存在不同的文化内涵。以英汉两种语言中的色彩词为例，它们在大多数情况下都具有相同的意思，但在某些场合，表达相同颜色的英汉色彩词却被赋予了不同含义。例如：

black and blue 青一块，紫一块

brown bread 黑面包

green-eyed 眼红

black tea 红茶

brown sugar 红糖

turn purple with rage 气得脸色发青

因此，在英汉翻译中要注意语义空缺现象，遇到空缺时尽量寻求深层语义的对应，而不是词语表面的对应。

需要说明的是，语义空缺还表现在语义涵盖面的不重合，即在不同的语言中，表达同一概念的词语可能因为语言发出者、语言场合等的不同而产生不同的含义。例如，英语中 flower 除了做名词表示“花朵”以外，还可以做动词表示“开花”“用花装饰”“旺盛”等含义，而这种用法是汉语中的“花”所没有的。相应地，汉语中的“花”做动词时常表示“花钱”“花费”等含义，这也是英语中的 flower 所没有的。可见，虽然英语中的 flower 和汉语中的“花”表达的基本语义相同，但在具体使用中，两者差别极大。因此，应注意词语在语言交际中产生的实际语义，从而在翻译时实现语义空缺的弥合。

第二节　文化翻译的原则与策略

一、文化翻译的原则

很多人都误认为翻译是一种纯粹的实践活动，根本不需要遵循任何原则，并提出了“译学无成规”的说法。还有不少人认为，“翻译是一门科学，有其理论原则”。金缇和奈达在他们合编的《论翻译》（*On Translation*）中指出，实际上每一个人的翻译实践都有一些原则指导，区别在于自觉与不自觉，在于那些

原则是否符合客观规律。

翻译原则是翻译实践的科学依据，是一种客观存在。历史上大量的翻译实践也证明，合理地使用翻译原则指导翻译实践活动将会收到事半功倍的效果。

基于文化差异下的翻译活动也必须遵循一定的原则。

奈达在《语言文化与翻译》中提出，翻译中的文化因素应该受到更多的重视，他进一步发展了“功能对等”理论。当奈达把文化看作一个符号系统的时候，文化在翻译中获得了与语言相当的地位。翻译不仅是语言的，更是文化的。因为翻译是随着文化之间的交流而产生和发展的，其任务就是把一种民族的文化传播到另一种民族的文化中去。因此，翻译是两种文化之间交流的桥梁。据此，有学者从跨文化的角度把翻译原则归结为“文化再现”（culture reappearance），包括如下两个方面。

（一）再现源语文化的特色

【例】贾芸对卜世仁说：“巧媳妇做不出没有米的粥，叫我怎么办呢？”（曹雪芹《红楼梦》）

译文 1：Even the cleverest housewife can't cook a meal without rice. What do you expect me to do？（杨宪益、戴乃迭译）

译文 2：“...And I don't see what I am supposed to do without any capital. Even the cleverest housewife can't make bread without flour.（霍克斯译）

该例中，“巧媳妇做不出没有米的粥”就是我们的俗语“巧妇难为无米之炊”，意思是即使聪明能干的人，如果做事缺少必要条件，也是难以办成的。译文 1 中，译者保存了原作中“米”的文化概念，再现了源语的民族文化特色，符合作品的社会文化背景。译文 2 中，“没米的粥”译成没有面粉的面包（bread without flour），译者的出发点是考虑到西方人的传统食物是以面包为主，故将“米”转译成“面粉”（flour），有利于西方读者接受和理解，虽然西式面包与整个作品中表达的中国传统文化氛围不协调，但是在一定程度上损害了原作的民族文化特色，可是译文却能够传达原文的文化内涵：即使聪明能干的人，如果做事缺少必要条件，也是难以办成的。这也提高了译文的可接受性，是值得提倡的。

（二）再现源语文化的信息

【例 1】It was Friday and soon they'd go out and get drunk.

[译文] 星期五到了，他们马上就会出去喝得酩酊大醉。

尽管该译文看上去与原文对应，但读者看到后肯定会感到不知所云，为什么星期五到了，人们就会出去买醉呢？很显然这句话承载着深层的文化信息：

在英国，周五是发薪水的固定日期，所以到了这一天，人们领完工资之后就会出去大喝一顿。译者在翻译时不妨将周五具体化，加上其蕴含的文化信息，可把这句话译为“星期五发薪日子到了，他们马上就会出去喝得酩酊大醉”。如此一来，使 Friday 一词在特定的语境中所承载的文化信息得以完整地传递。

二、文化翻译的策略

在跨文化翻译过程中，干扰翻译的因素有很多，这就需要译者灵活地处理，运用恰当的翻译策略。

（一）归化策略

归化策略是指以译语文化为归宿的翻译策略。归化策略始终恪守本民族文化的语言习惯传统，回归本民族语言地道的表达方式，要求译者向目的语读者靠拢，采取目的语读者所习惯的表达方式来传达原文的内容，即使用一种自然、流畅的本民族语表达方式来展现译语的风格、特点。归化策略的优点在于可以使译文读起来比较地道和生动。例如，as poor as a church mouse 译为“穷得如叫花子”，而不是“穷得像教堂里的耗子”。

另外，对于一些蕴含着丰富的民族文化信息和悠久文化传统的成语与典故，也可采用归化翻译策略。例如：

Where there is a will，there is a way. 有志者，事竟成。

Make hay while the sun shines. 趁热打铁。

There is no smoke without fire. 无风不起浪。

To seek a hare in hen's nest. 缘木求鱼。

Fools rush in whcrc angcls fcar to tread. 初生牛犊不怕虎。

One boy is a boy，two boys half a boy，three boys no boy. 一个和尚挑水吃，两个和尚抬水吃，三个和尚没水吃。

当然，归化翻译策略也存在着一定的缺陷，即它滤掉了原文的语言形式，只留下了原文的意思。这样译语读者就很有可能漏掉一些有价值的东西。如果每次遇到文化因素的翻译，译者都只在译语中寻找熟悉的表达方式，那么译文读者将不会了解源语文化中那些新鲜的、不同于自己文化的东西。长此以往，不同文化之间就很难相互了解和沟通。

以霍克斯对《红楼梦》的翻译为例，从其译文中可以感受到好像故事发生在英语国家一样，具有很强的可读性，且促进了《红楼梦》在英语国家的传播，但其也改变了《红楼梦》里丰富的中国传统文化内涵。

（二）异化策略

异化是相对于“归化”而言的，是指在翻译时迁就外来文化的语言特点，吸纳外来语言的表达方式，要求译者向作者靠拢，采取相应于作者所使用的源语表达方式来传达原文的内容。简单地说，异化即保存原文的“原汁原味”。异化策略的优势是，它为译语文化注入了新鲜的血液，丰富了译语的表达，也利于增长译文读者的见识，促进各国文化之间的交流。

【例】As the last straw breaks the laden camel's back，this piece of underground information crushed the sinking spirits of Mr. Dombey.

[译文]正如压垮负重骆驼脊梁的一根稻草，这则秘密的信息把董贝先生低沉的情绪压到了最低点。

将原文中的习语 the last straw breaks the laden camel's back 照直译出，不仅可以使汉语读者完全理解，还能了解英语中原来还有这样的表达方式。

（三）归化与异化相结合策略

作为跨文化翻译的两个重要策略，归化与异化同直译与意译一样，属于“二元对立”的关系，两者有各自适用的范围和存在的理由，然而没有任何一个文本能够只用归化策略或者异化策略就能翻译，因此只强调任意一种是不完善的，只有将归化和异化并用，才能更好地翻译。归化与异化相结合策略有利于中国文化的传播。随着中国在经济与政治上的强大和全球一体化的深入，世界文化交流日益加强，中西文化的强弱被渐渐地淡化。翻译家越来越尊重源语的文化传统，采用“异化”翻译，尽可能地保留源语文化意象。例如，北京奥运会吉祥物“福娃”的国际译名，经过多方的商议，最终由 Friendlies 更改为 Fuwa。

（四）文化调停策略

文化调停策略是指省去部分或全部文化因素不译，直接译出原文的深层含义。文化调停策略的优势是，译文通俗易懂，可读性强。当然，文化调停策略也存在一定的缺陷，即不能保留文化意象，不利于文化的沟通和交流。

第三节　英汉翻译的基本技巧

英汉翻译技巧是英汉翻译研究的一个重要内容，但目前还没有哪个技巧是完全行之有效的。本节仅介绍目前较常见的英汉翻译技巧，以期为英汉翻译者的翻译活动提供些许参考。具体采用哪种技巧，还需要根据具体情况而定。

一、词汇的翻译技巧

（一）词类转换法

所谓词类转换法，是指翻译时在保持原文内容不变的前提下，改变原文中某些词的词类，以使译文通顺自然，合乎译入语的表达习惯。常见的词类转换方式有转译成动词、转译成名词、转译成形容词。

1. 转译成动词

（1）名词转译成动词。

【例 1】The sight of the boy reminds me of his passed father.

[译文] 看到那个男孩，使我想起了他已故的父亲。

原句中的名词 sight 被译为动词“看到”。

【例 2】International trade is the exchange of goods and services produced in one country for goods and services produced in another.

[译文] 国际贸易就将一个国家生产的商品和提供的服务与另一个国家生产的商品和提供的服务进行交换。

原句中的名词 exchange 被转译为“交换”。

【 例 3】Talking with his young neighbor，the old man was the forgiver of the young man's past wrong doings.

[译文] 在和年轻的邻居谈话时，老人宽恕了年轻人过去的过失。

在各个行业中，没有一种职业是原谅。因此，这里的 forgiver 被译为“宽恕”，十分贴切。

（2）形容词转译成动词。

【例】To my great surprise，I became aware of a surfer off the shore，patiently padding his board while he is waiting for a perfect wave.

[译文] 令我吃惊的是，我看见一个冲浪者离岸很远，耐心地踏着滑板，等待一个最理想的浪头。

原句中的形容词 aware 被译为“看见”。

（3）副词转译成动词。

【例】Families upstairs have to carry pails to the hydrant downstairs for water.

[译文] 住在楼上的人家得提着水桶去楼下的水龙头打水。

原句中的 upstairs 和 downstairs 被分别译为“住在楼上”和“去楼下”。

（4）介词转译成动词。

【例】This is the key to the window. Open the window to escape in case of fire.

[译文] 这是打开窗户上锁头的钥匙。如果遇到火灾，打开窗户逃走。

原句中的介词 to 和 in case of 被巧妙地翻译成汉语的动词“打开”和“遇到”。

2. 转译成名词

可以将原文中的词类转译成译文中的名词的情况主要有下面几种。

（1）英语中含有很多由名词派生出来的动词及名词转用动词，当其在汉语中很难找到对应的动词时，就可以将其转译成汉语名词。

【例】To them，he personified the absolute power.

[译文] 在他们看来，他就是绝对权威的化身。

原句中的 personified 是由名词派生而来的动词，所以译文可以仍保留其名词意义，即“象征”。

（2）一些英语被动句中的动词可以译为“受（遭）到……+ 名词”“予（加）……+ 名词”结构。

【例】Satellites must be closely watched，for they are constantly being tugged by the gravitational attraction of the sun，moon and earth.

[译文] 由于经常受太阳、月亮和地球引力的影响，所以卫星活动必须予以严密的监控。

原句中的 be closely watched 被译为“予以严密的监控”。

（3）英语中一些形容词在特定的上下文中，一般可译为名词，一些形容词加定冠词可以表示某个种类，也可译为汉语中的名词。

【例 1】They did their best to help the poor and the sick.

[译文] 他们尽了最大的努力帮助穷人和病人。

原文中的 the poor and the sick 被译为名词“穷人和病人”。

【例 2】Tom was eloquent and elegant — but soft.

[译文] 汤姆有口才、有风度，但很软弱。

原句中的两个形容词 eloquent 和 elegant 被分别译为名词“口才”和“风度”。

3. 转译成形容词

英语中由形容词派生的名词可以转译成形容词。

【例 1】The spokesman admitted the feasibility of the American proposals.

[译文] 发言人承认，美国的建议是可取的。

原句中的名词 feasibility 被译为形容词“可取的”。

【例 2】She is a stranger to the operation of the helicopter.

[译文] 她对直升机的操作很陌生。

原句中的名词 stranger 被译为形容词“陌生”。

（二）增词法与减词法

1. 增词法

所谓增词法，是指在原文的基础上增加必要的词、词组、分句或完整的句子，以使译文在语义、语法、语言形式上符合译文习惯，在文化背景、词语连贯上与原文一致，使文字更加清楚。通常，增词可用于下面几种情况。

（1）因语法需要而增词。

【例 1】Flowers and trees are all over the school campus.

[译文] 朵朵鲜花、棵棵树木长满了校园。

译文中的“朵朵”“棵棵”表示复数概念，这里是根据语法需要而增加的词。

【例 2】Look before you leap.

[译文] 三思而后行。

这里的“三思”表示经过多次思考后，再做决定。

【例 3】The professor had taught the girl to write paper and the girl loved her.

[译文] 原来教授教会了女孩写论文，所以女孩喜欢她。

译文中增加了表示过去的时间状语“原来”。

【例 4】Their host carved，poured，served，cut bread，talked，laughed，proposed health.

[译文] 主人又是雕刻造型啊，又是倒酒啊，又是上菜啊，又是切面包啊，说啊，笑啊，敬酒啊，忙个不停。

译文中增加了多个“啊”字，表示主人热情好客、忙个不停的场景。

【例 5】Apart from a brief interlude of peace，the war lasted nine years.

[译文] 除了一段短暂的和平，那场战争持续了九年。

译文中增加了量词“段”。

【例 6】The Americans and the Russians have undergone a series of secret consultations.

[译文] 美俄双方已进行了一系列的秘密磋商。

译文中增加了“双方”一词，使语言更加流畅，更符合汉语的表达习惯。

【例 7】There are tears for his love；joy for his fortune；honor for his valor；death for his ambition.

[译文] 用眼泪回报他的爱；用欢乐庆贺他的幸运；用荣誉赞美他的勇猛；

用死亡遏制他的野心。

该例的原文均省略了 there is（are），而译者为了使句子意思更加完整，语言更加通顺，增加了“用”这一谓语动词。

（2）为意义表达清晰而增词。

【例 1】He was about to become，for lack of anyone or anything better，a very influential intellectual — the wrong man at a wrong place with the wrong idea.

[译文] 因为找不到比他更好的人，也没有更好的办法，于是他就要成为一个很有影响的知识分子了，这真是在错误的地方任用错误的人去实行错误的主张。

原文名词词组 the wrong man at a wrong place with the wrong idea 之前增加了动词“在”“任用”和“实行”，使整个句子更连贯。

【例 2】The sky is clear blue now ; the sun has flung diamonds down on the meadow and the bank and the woods.

[译文] 此时已是万里蓝天，太阳把颗颗光彩夺目的钻石洒向草原，洒向河岸，洒向树林。

译文中增加了形容词“光彩夺目的”，用来修饰钻石。

【例 3】She is not born for wifing and mothering.

[译文] 她这个人天生不是做贤妻良母的料。

译文中增加了名词“料”。

【例 4】His wife thinks that this furniture is too expensive and，moreover looks very ugly.

[译文] 他妻子认为，这件家具价格昂贵而且外表难看。

译文中增加了名词“价格”。

【例 5】Both sides are willing to hold face-to-face talks in order to ease tension.

[译文] 双方都愿意举行面对面的会谈以缓和紧张局势。

译文中抽象名词“紧张”之后增加了名词“局势”，使整个译文读起来更加顺畅。

2. 减词法

所谓减词法，是指将原文中需要而译文中不需要的词去掉。减词法一般可以用于以下几种情况。

（1）因语法需要而减词。

【例 1】We live and learn.

[译文]……活到老，学到老。

译文中用省略号指人称代词 We。

【例 2】He put his hands into his pockets and then shrugged his shoulders.

[译文] 他把……双手放在……口袋里，然后耸了耸……肩。

译文中用三个省略号表示三次省略了代词 his。

【例 3】Early to bed and early to rise is the way to be healthy and wise.

[译文] 早睡早起使人健康聪明。

译文中两次省略并列连词 and。

【例 4】We knew spring was coming as we had seen a robin.

[译文] 我们看见了一只知更鸟，知晓春天快要到了。

译文中省略表示原因的连接词 as。

【例 5】If winter comes，can spring be far behind?

[译文] 冬天来了，春天还会远吗?

译文中省略了表示条件的连接词 If。

【例 6】Change one 's mind the moment when one sees the new.

[译文] 见异思迁。

译文中省略了表示时间的连接词 when。

【例 7】He left without saying a word.

[译文] 他一句话都没说就走了。

当不定冠词表示数量“一”时，译文不可以省略。

（2）因修辞需要而减词。

【例 1】Temperatures range from 50℃ in the daytime to −10℃ at night and often it does not rain for a whole year or longer.

[译文] 昼夜温差很大，白天最高气温高达到 50℃，夜晚最低则低至零下 10℃，而且常常一年到头不下雨。

在本例中，for a whole year or long 直接译为“一年到头”即可。

【例 2】此时，鲁小姐卸了浓妆，换了几件雅淡衣服，蘧公孙举眼细看，真有沉鱼落雁之容，闭月羞花之貌。

[译文]By this time Miss Lu had changed out of her ceremonial dress into an ordinary gown，and then Zhu looked at her closely，he saw that her beauty would put the flowers to shame.

该例中的“沉鱼落雁之容，闭月羞花之貌”对仗工整，结构匀称，读起来音韵之美十足，所以译文为了保留其原来的语言特征，将其译为 her beauty would put the flowers to shame，而对“沉鱼”“落雁”“闭月”省略不译。

【例 3】他的家里很穷，但是他从小就认真读书，刻苦学习。

[译文]His family was very poor，but he worked hard at his studies even in early childhood.

该例中的“认真读书”和“刻苦学习”指的是同一个意思，所以没必要一一译出。

（三）音译法

将原文的发音直接转换成译入语里相同或相近的语音，这种方法称为“音译法”。音译法多用于下列词语的翻译。

（1）翻译专有名词。例如：

Britain 不列颠

Diana 黛安娜

William 威廉

（2）翻译外来商品。例如：

Coca-cola 可口可乐

Giant 捷安特

Sprite 雪碧

（3）翻译新词。例如：

Beatles 披头士（甲壳虫）

club 俱乐部

humor 幽默

morphine 吗啡

Simmons 席梦思

二、语篇的翻译技巧

（一）段内衔接

由于英语、汉语之间的差异性，所以译者不能对原文段落中的句子进行死译，这样会造成文章的逻辑线索或脉络混乱、不清晰，译文有如断线残珠，四下散落。

每一个连贯的语篇都有其内在的逻辑结构。因此，译者在翻译时也需要对语篇脉络进行分析，将语篇中的概念进行连接整合，进而使译文能够逻辑清晰、顺序明确。

在具体的语篇翻译过程中，译者可以选择不同的技巧处理其内部的衔接与整合。

1. 替代与重复译法

英语段落一般依靠词语的替代来进行句子与句子之间的呼应，即使用代词、同义词、近义词以及代替句型等来替换前文出现过的词语；而在汉语中，句与句之间的呼应往往用重复的词语来完成。因此，在英译汉时，译者应对原文中替代的部分采用重复的手法进行翻译，即通过重复实现译文的段内衔接。

【例】Wrought iron is almost pure iron. It is not frequently found in the school shop because of its high cost. It forges well，can easily be bent hot or cold，and can be welded.

[译文]熟铁几乎就是纯铁。熟铁在校办工厂里不太常见，因为价格很贵。熟铁好锻，很容易热弯和冷弯，还能够焊接。

在该例的原文中，代词 It 替代了 Wrought iron，实现了句子之间的衔接。在译文中，译者通过重复的手法进行句子之间的衔接，即重复使用“熟铁”这一词语。

2. 连接性词语或词组的译法

在对篇章结构进行梳理的过程中，译者通常会发现很多连接性词语或词组。对具有连接作用的词语或词组进行分析可以更好地理顺文章脉络，因此掌握这些词语或词组的译法非常有必要。

英语中包含大量的连接性词语或词组。

（1）表示举例或特指的 for example、for instance、in particular、specially 等。

（2）表示转折的 but、however、nevertheless 等。

（3）表示频率的 often、frequently、day after day 等。

（4）表示方向的 forwards、backwards、in front of、behind 等。

通过这些连接性词语或词组的使用实现段内或段落之间的衔接与连贯。对于这些词语或词组的译法没有统一的标准，有时会出现一词多译的现象，翻译时译者要根据上下文以及译入语的表达习惯进行灵活翻译。

3. 省略部分的译法

省略现象在英汉两种语言中都很常见。通常情况下，英语按语法形式进行省略，如省略名词、动词、表语、主谓一致时的主语或谓语等。汉语则往往按上下文的意义进行省略，包括省略主语、谓语、动词、关联词、中心语和领属词等。

相对于英语而言，汉语的省略现象非常普遍，且其省略标准很复杂，不易掌握。汉语中的一些省略现象实际上并不能算是省略，如果将其“省略”的部分补充上，语句反而会显得别扭，但是在汉译英时一般要将这些省略的部分补充上。由于英语属于重形合的语言，而汉语属于重意合的语言，因此从英汉对比的角度看，英译汉时，许多英语原文中省略的部分，在相应汉语译文中就不能省略。

【例】A man may usually be known by the books he reads as well as [...] by the company he keeps : for there is a companionship of books as well as [...] of men ; and one should always live in the best company，whether it be[...] of book or[...] of men.

[译文]要了解一个人，可以看他交什么样的朋友，可以看他看什么样的书，因为有的人跟人交朋友，有的人跟书交朋友，但不管跟人交朋友还是跟书交朋友，都应该交好朋友。

该例原文中共有四处省略现象。第一处省略了谓语 be known，第二处省略了名词短语 a companionship，第三处和第四处省略了名词短语 the best company。这些省略均是语法层面的省略。对应汉语译文中将这些省略的部分都补充了出来，使译文读起来更为通顺、流畅。

（二）段际连贯

语言片段以语篇意向为主线所形成的语义、逻辑上的连贯性称作“段际连贯”。同段内衔接一样，段际连贯也可以通过替代、重复、连接词的使用、省略等手段实现，也可以通过一定的时空、逻辑关系的贯通来实现。因此，译者在翻译的过程中必须把每个词、每句话都放在语篇语境中加以考虑，正确推断上下文的逻辑关系，领会作者的意图，适当遣词，从而保证译文的意思清晰、明了。

【例】When I first started to look into the origins of the symbol，I asked a Turk about the history of their flag...

As an explanation，however，this is at odds with astronomical data...

The rejection of this hypothesis on astronomical grounds is strongly supported by historical information that...

Going back in time，the next set of three hypotheses involves the fall of Constantinople on 29 May 1453...

The astronomical explanation associating the star and crescent with the fall of Constantinople must all be wrong. But there is also strong evidence for the use of the symbol throughout the Middle East at least as far back as the founding of Islam. For example...

[译文] 我在开始研究星月图案起源的时候就曾问过一个土耳其的学生，他们国旗上星月图案的由来……

但是，这位学生的说法和天文资料的记载不太一样。据天文资料记载……

从这一资料的记载可以断定，这位土耳其学生的说法不成立……

从历史上看，人们对星月图案还有三种说法，均与 1453 年 5 月 29 日君士坦丁堡的陷落有关……

将星月图案的出现与君士坦丁堡的陷落联系在一起就是牵强附会。有确凿的证据表示：星月图案在整个中东地区的出现至少能追溯到伊斯兰教诞生之前。例如……

该例原文中使用了替代的手法来实现各段之间的衔接，如用 the symbol 替代 the star and crescent，用 this、this hypothesis 来替代 the origins of the symbol。其译文主要是靠重复的手段实现文章的连贯。

需要指出的是，为了使译文条理更加清晰，易于译入语读者理解，译者需要改变原文的结构形式，对原文的段落进行适度的拆分与合并。

【例】He was a little man，barely five feet tall，with a narrow chest and one shoulder higher than the other and he was thin almost to emaciation. He had a crooked nose，but a fine brow and his color was fresh. His eyes，though small，were blue，lively and penetrating. He was natty in his dress. He wore a small blond wig，a black tie，and a shirt with ruffles round the throat and wrists ; a coat breeches and waistcoat of fine cloth，gray silk stockings and shoes with silver buckles. He carried his three cornered hat under his arm and in his hand a gold-headed cane. He walked every day，rain or fine，for exactly one hour，but if the weather was threatening，his servant walked behind him with a big umbrella.

[译文] 他个头矮小，长不过五尺，孤苦伶仃，身板细窄，且一肩高一肩低。他长着一副鹰钩鼻子，眉目还算清秀，气色也还好，一双蓝眼睛不大，却迥然有神。他头戴金色发套，衣着非常整洁：皱边的白衬衣配一条黑色领带，质地讲究的马甲外配笔挺的套装，脚着深色丝袜和带白扣的皮鞋。他腋下夹顶三角帽，手上拄根金头拐杖，天天散步一小时，风雨无阻。当然，落雨下雪时自有仆人亦步亦趋，为他撑伞。

在翻译该语段时，如果译者不能对原文重新进行分段整合，那么译文的条理就会非常混乱，进而阻碍读者对原文的理解。基于此，译者对原文进行了适当的分段处理，将“他”的外貌描写作为一段，将“他”的行为描写作为另一段，这样就可以使译文的层次更加分明，条理更加清楚。

（三）语域一致

语域即语言因使用的场合、交际关系、目的等的不同而产生的语言变体，其主要涉及口头语与书面语、正式用语与非正式用语、礼貌用语与非礼貌用语等方面。

语域是篇章翻译中不可或缺的一个内容，一篇好的译文既要将原文的意义准确、完整地译出来，又要恰当地再现原文的语域特点。例如，给不同的人写信，语气就不相同，因此写信人与收信人的亲疏关系就可以从信的字里行间透露出来。译者在翻译过程中应该了解与把握这种语域区别，以便准确地再现原文的意图。

【例】Dear Peter，

Sorry to trouble you，but I've got a bit of a problem with that necklace I lost. They've found it but don't want to send it back — they expect me to come and pick it if you please! I've written to their head office in London，but do you think there would be any chance of your picking it up for me next time you're in Brighton on business? If you can do it，phone me in advance so that I can authorize them to give it to you. You'd think it was the Crown Jewels，the way they're carrying on!

Best wishes.

Mary

[译文]亲爱的彼得：

麻烦你一件事，我遗失的项链出了个小问题。他们已经找到，但不愿寄给我——让我自己去取，竟有这事！我已经写信到伦敦总店，但不知你下次到布莱顿出差时是否可以帮我代取一下？如可行，事先给我个电话，我好授权让他们交给你。他们煞有介事，你准以为是凤冠霞帔呢！

安好

玛丽

该信函使用了非正式的格式，语气平易亲切，句法口语化，简单易懂。由此可见，这封信是写给朋友的。因而，译文中也使用了口语化的语言，以实现原文的表达效果。

如果原文是正式的公函，那么在翻译时就要使用正式的语言表达方式。

【例 2】Dear Sirs，

You will be interested to hear that we have recently developed a new kind of bicycle，which is selling very strongly on the home market.

Because of its success in this country, we thought there might be sales potential abroad, and we would welcome your advice as to whether, in your opinion, there is a market in your district.

If you agree, we shall be glad to supply you with our samples for you to show to customers. You will find enclosed an order form in case you wish to make an immediate order.

We look forward to hearing from you soon.

Yours faithfully

[译文] 敬启者:

相信您会有兴趣了解我们近期开发的新型自行车，这种新型自行车目前在国内市场上极为畅销。

由于国内市场的成功，我们认为它在国外市场亦具有销售潜力。我们愿意知道您认为此项产品在贵区域是否有良好的销路。

如果贵公司同意，我们很高兴提供样品，以便您向顾客展示。若是您愿意立即订购，请利用随函所附的订购单。

期盼您的快速回音。

敬上

这是一篇正式的商务公函，所以译文也采用了正式的措辞方式，以准确传达原文的语气。

通过上面的分析可以得知，在进行具体的语篇翻译实践过程中，译者既要强调英汉两种语言在句式和篇章结构等方面的差异，又要注意对文章中字词句的翻译，从整体上把握语篇的连贯性和语域等问题。这样两手兼顾，才能翻译出符合译入语语言习惯的译文。

第五章　英汉语言文化对比分析

第一节　英汉语言对比分析

对比分析是语言研究的重要手段。著名语言学家赵元任认为，所谓语言学理论，实际上就是世界各民族语言综合比较分析研究得出的科学结论。不同语言的对比分析既有利于教学和翻译，又有利于语言交际。通过对比分析，人们可以进一步认识外语和母语的特性，在交际时，能够有意识地注意不同语言的表现方法，以顺应这些差异，防止出现表达错误，避免运用失当，从而达到交际的目的。

翻译教学和研究的经验表明：翻译理论和技巧必须建立在不同语言和文化对比分析的基础上。英汉互译的一些基本原则和技巧，如选词、转换、省略、重复、增补、变换、拆离、重组等，以及时态、语态、习语、术语等的译法，都集中地体现了英汉的不同特点。翻译之所以困难，归根结底是因为两种语言的语言差异和文化差异所造成的障碍。对比研究就是在两种语言的各个层面上发现相似性和差异性，以便为以后的翻译活动打下坚实的基础。因此，对比、分析和归纳这些差异便成了英汉互译过程中对译者来说必不可少的步骤。

一、谱　系

英语属于印欧语系，是一种拼音（alphabetic）文字，单词没有四种声调（tone），但句子可以有不同的语调（intonation）；汉语属于汉藏语系，是一种表意（ideographic）文字，音节有四种声调变化，语调也很丰富。

二、语言的类型

从语言形态学分类看，英语是从综合型向分析型发展的语言，汉语却是以分析型为主的语言。

综合型语言是指这种语言主要通过词本身的形态变化（inflected forms）来表达语法意义。分析型语言是指语言中的语法关系不是通过词本身的形态变化来表达，而是通过虚词和词序（word order）等手段来表示。

英语属于综合分析语，其典型特征是它有丰富的形态变化形式，主要包括构词形态和构形形态。构词形态指起构词作用的词缀变化（affixation），英语词缀不仅规模大、数量多，而且种类齐全。构形形态指表达语法意义的词形变化，包括动词的变化，各种名词、代词、形容词及副词的变化，以及上述词的词缀变化。这些变化有：性、数、格、时态、语态、语气、比较级、人称和词性等。如英语用 table 表示桌子的单数；tables 则表示复数。英语陈述句中现在时态第三人称单数，动词后要加“s”。

汉语属于分析语，其典型特征是没有英语那样严格意义的形态变化形式，即汉语的名词不会改变自身的形式变为复数，动词也没有时态。与英语相比，汉语的词缀构词无论是规模还是种类都不及英语。汉语词语组合成句主要依靠词序和虚词。

三、词 汇

（一）词类划分

英汉虽都有实词和虚词之分，语法作用也大体相同，但有许多不同点。英语的冠词和汉语的量词、助词为各自语言所独有，没有直接的对应关系。而且，汉语中的助词是个特殊的词类，英语虽无此类助词，但其动词的时态和体式、句式陈述与疑问都分别与汉语的助词功能相对应。此外，汉语中也没有英语中的关系词和反身代词。就词类使用的频率来看，一个英语句子只能有一个谓语动词，而其他一些含有动作意义的词只能由非限定动词（不定式、分词和动名词）、抽象名词、介词以及定语从句等加以表达，这就大大限制了英语中动词的使用。相比之下，汉语中动词的使用不受任何限制。这就出现了汉语多用动词，英语多用名词的现象。英语中的连词和介词的使用比在汉语中使用得要多。由于词类性质的差异，各种词类相互转换便成了英汉互译中常见的翻译技巧。

（二）构　词

英汉词汇都使用了派生、合成、转化、缩略等构词手段，但汉语里还有一种构词法——重叠，这是英语很少使用的。

派生主要指在单词前后加上词缀。加在单词前的叫前缀，加在单词后的叫后缀。英语属于综合分析语，其典型特征是词缀丰富。汉语属于分析语，其典型特征是没有英语那样严格意义的形态变化形式。因此，与英语相比，汉语的词缀在数量上没有英语丰富，运用范围也没有英语广泛。英语词缀分为表示人、事物、形状等，可构成名词性、动词性、形容词性等词缀。汉语词缀则主要是表示人的，其后缀要比前缀丰富些，且多数后缀是名词性的。具体如表 5-1 所示。

表5-1　英汉前缀后缀对比表（部分）

前　缀	英　语	dis-、un-、in-、im-、re-、mis- 等
	汉　语	老、小、第、阿等
后　缀	英　语	-or、-er、-ist、-ary、-ese、-ive、-ist、-ess 等
	汉　语	人、者、师、士、夫、家、员、子、父等

合成指由两个或两个以上的词合成一个新词。英语中合成词有的中间可用连词符，有的直接写，如 birth-control、washroom、dustbin、himself、outside、easygoing、widespread 等。汉语中合成词不用连词符，如价值、书架、骨肉、动静、风浪等。

转化指由一种词类转化为另一种词类。转化后的词义与原词义有密切关系。例如：

good *adj.* 好的 *n.* 益处

eye n. 眼睛 *v.* 看，目击

英语学习（名词）　学习（动词）英语

努力工作（动词）　教学工作（名词）

缩略构词法在英汉构词法中都存在。英语中的缩略语通常采用合并（如 interpol=international police、heliport=helicopter airport 等）、缩写（如 UFO、VOA、SARS 等）、截短（如 lab、tech、maths、flu 等）。汉语中的缩略词分双音节和三音节两类。例如，地铁（地下铁路）、科研（科学研究）、高校（高等学校）、彩电（彩色电视机）、立交桥（立体交叉桥）、博士生（博士学位研究生）、港澳台（中国香港、中国澳门、中国台湾）。

重叠是汉语构词法的一大特色。汉语中名词、动词、形容词、量词等不同词类的词中都有一部分可以重叠。英语则很少使用重叠构词法。例如：天天、年年、听听、瞧瞧、偏偏、刚刚、千千万万、家家户户、花花世界、老老少少、收拾收拾、干干净净，等等。

（三）英汉词汇的词序

英汉词序有相同之处，也有不同之处。其不同之处主要表现在以下几个方面。

（1）英语句中单词的修饰语一般放在中心词前面，短语和从句一般放在中心词后面。汉语定语无论是单个的字还是词组一般都放在中心词前面。

【例 1】This is a black cat.

[译文]这是一只黑猫。

【例 2】The girl in white is my sister.

[译文]那个穿白衣服的女孩是我的姐姐。

【例 3】This is the black cat that killed the rat.

[译文]这就是那只捕杀了老鼠的黑猫。

【例 4】我喜欢我妻子沏的茶。

[译文] I like the tea my wife makes for me.

【例 5】农村的孩子喜欢玩沙土。

[译文] Children in the countryside like playing sand.

（2）英汉语言的状语位置差别也很大。在正常情况下，英语的谓词状语可出现在动词前后，汉语的谓词状语倾向于出现在动词之前。英汉语言的时间状语和地点状语有单位大小之分。几个同类状语同时出现时，英语中的正常顺序是先小后大，汉语则先大后小，两者顺序完全相反。

【例 1】They studied the problems carefully.

[译文]他们仔细地研究了那些问题。

【例 2】He rose from the seat slowly.

Slowly he rose from the seat.

He slowly rose from the seat.

[译文]他慢慢地从座位上站了起来。

【例 3】The poet died on a Monday morning in July 2005.

[译文]这位诗人死于 2005 年 7 月一个星期一的早晨。

【例 4】湖南师范大学位于湖南省长沙市岳麓山下。

[译文]Hunan Norman University is situated at the foot of the Yuelu Mountains in the city of Changsha in Hunan Province.

（3）由于文化背景不同，某些词语的排列顺序不同。例如：

joy and sorrow 悲欢

fire and water 水火

track and field 田径

one and the same 同一的

rain and shine 不论晴雨

suffer from cold and hunger 饥寒交迫

（四）词汇的意义

英汉词汇存在一定的差异，具体如下。

（1）英语有丰富的同义词。这里的同义词是指两个或两个以上的，彼此有同样的或者差不多同样的基本意义的词。例如，alive、live 和 living 都表示“活着的”“有生命的”的意思。这三个词的词义相同，但用法各异。又如，英语中可以用下面一些意义相同或接近的词：irate、angry、indignant、wrathful、enraged、infuriated、incensed 等，用来表示汉语的“生气”或“发怒”，但它们各自的含义有所差异。angry 表示一般生气；irate 表示怒形于色；indignant 表示义愤；wrathful 表示盛怒；enraged 表示狂怒；infuriated 表示因愤恨而愤怒；incensed 则有激怒的意思。再如，表示“走”或“步行”这种动作时，英语中有以下一些词：walk、go、stroll、saunter、trudge、plod、stride、march、trot、strut、shuffle、wobble、amble 等，但各自的用法却仍有一些差异。

（2）英语中一词多义和一词多用现象相当普遍。如“run”一词在《英汉大词典》中作为不及物动词有 34 条释义，作为及物动词有 40 条释义，作为名词有 38 条释义，作为形容词有 5 条释义。在英语中，同一个词往往属于几个词类，一个词往往具有许多不同的意义。

【例 1】He likes history more than physics.（动词）

[译文] 他喜欢历史甚于物理。

【例 2】Like knows like.（名词）

[译文] 英雄识英雄。

【例 3】Don't treat me like a guest.（介词）

[译文] 别把我当客人。

【例 4】The two buildings are very like.（形容词）

[译文] 这两座楼很相像。

【例 5】I hope I can drive the car like you do.（连词）

[译文] 我希望开汽车开得像你一样好。

同样，汉语中存在一词多义现象。“上”字在《辞海》中，有 17 条意义和 194 条词语搭配意义。例如：

上班：go to work，be on duty

上报：report to a higher authority，appear in the newspapers

上火：get angry

上路：set out on a journey

上马：mount a horse

上台：come to power，perform

上门：visit，shut the door

（3）英语词义比较灵活多变，词的含义比较广，对上下文的依赖性比较大。汉语的词义相对稳定，词的含义比较窄，对上下文的依赖性比较小。由于所处的自然环境、思维方式、社会历史、风俗习惯和文化传统不同，英汉两种语言中存在许多不相对应的词汇，主要体现在词义的部分对应和词汇的空缺。

英汉词汇空缺主要是由两种语言的文化差异引起的，它是指源语词汇所承载的文化信息在译语中没有其“对等语”或“对应语”。例如，中国文化中的“老天爷、风水、跑龙套、三头六臂、炒冷饭、阴、阳、天干地支、农历节气、中医术语”等在西方文化中根本找不到对应词或对等词。同样，汉语中没有英语中的 Karaoke、hard drink、spirits、Hippic、meet one’s Waterloo 等概念。

第二节　英汉语言句法结构的对比分析

英汉两种语言句法差异很大，这和英语是屈折语，而汉语是非屈折语有关。英语的语言形态丰富，被称为屈折语言或有标记的语言（如用词根或词尾变化区别词类、名词的数和格、动词的时态等）。而且词与词之间的关系常由一个客观的词指示，不像汉语要由读者自己解读。例如，Don’t come in until I call you. 这句英语中两个动作之间的关系由一个连词 until 明确地指示出来，不可能有误解。同样表达这个意思，汉语就完全可以不用任何表示关系的连词。

例如，不叫你不要进来。这个例子充分说明英语的客观性强，汉语的主观性强。我国著名语言学家王力先生曾经说过，汉语是“人治”的语言，而印欧语系的语言是“法治的”。贾玉新在他的《跨文化交际学》中将英汉语言在句法上的差异概括如下：英语高度形式化、逻辑化，句法结构严谨完备，并以动词为核心，重分析轻意合；汉语则不注重形式，句法结构不必完备，动词的作用没有英语中那么突出，重意合轻分析。

一、英语重形合，汉语重意合

英汉两种语言一个重形合、一个重意合的特点使两种语言各有千秋。由于英语重形合，句法结构严谨，因此表意十分精确；汉语重意合，句法结构松散，这就使词在表达意思上责任更重些。正如语言学家申小龙所说：“一个个语词好像一个基本核子，可以随意碰撞，只要凑在一起，就能意合，不搞形式主义。”“鸡声茅店月，人迹板桥霜”中的鸡声、茅店、月之间的关系，人迹、板桥、霜之间的关系都不必由作者用词语挑明，读者自会解读，甚至不去解读更有美感。但是，有人会认为这是诗，普通的文字是不能如此表达的。例如，名词“纸、字”和动词“印”的关系就不是形合所能解释的，而只能通过意念把握。与汉语相反，英语往往会显而易见，看不出字里行间还蕴藏着什么意思。例如，The confidence that the West would remain a dominant force in the 21st century，as it has for the past four or five centuries，is giving way to a sense of foreboding that forces like the emergence of fundamentalist Islam，the rise of East Asia and the collapse of Russia and Eastern Europe could pose real threats to the West. 这虽然是一个十分长而复杂的句子，但解读起来还是比较容易的，因为各个语言单位间的语法关系都清清楚楚地由表达连接的语法手段指示清楚了，精通英文语法的人一下子就能找出这句话的主干：The confidence is giving way to a sense of foreboding，句子的分支部分也可以根据逻辑一层层解读出来。英文形合的特点为理解英文提供了很大的帮助。

上面提到的英汉两种语言各自的优点都可能在翻译中造成障碍。将一个重形合的文本译成重意合的文本，最常犯的错误就是将形合的特点迁移到重意合的语言中。在翻译过程中，译者面临的困难多种多样，但要选出最大的一个困难，非句型结构的迁移莫属。现在很多译者的译文都存在英语的句法结构。例如，某英语专业教授曾经让学生做过一个练习，翻译一篇关于英国气候的文章，原文不过 298 个词，译成中文后有人用了 374 个字，但也有人用了 474 个字，整整多出 100 个汉字。仔细对照两个不同的译文才发现，多出的 100 个字大多是表示关系的连接词和其他虚词，原文形合的句法结构特征都被迁移到重意合的汉语中，结果译文失去了汉语应有的特征。

二、英汉语序差异

除了形合和意合方面的对比外，英汉两种语言的语序也是一个重要的对比方面。英汉两种语言最基本的语序都是 SVO（Subject+Verb+Object）。因此，只要是阅读简单的句子，阅读起来没有什么困难。美国人说“I bought a book”，中国人说“我买了一本书”，都不用克服语序不同而造成的障碍。只要将语言简化到这一步，电脑翻译就成为可能。但英汉两种语言在表达思想时并不是只用这类简单的句子，只要句型一复杂，语序造成的障碍就显而易见了。“I bought a book yesterday”就不能译成“我买了一本书昨天”。这时，将时间副词移位就是翻译时必须要做的。但是，大部分人都会觉得这种移位并不构成太大的障碍。事实上，有些英语句子十分复杂，语序不同造成的障碍十分大。例如：

The speed with which they had transformed themselves from peasant societies into industrial powerhouses, their continuing ability to achieve growth rates several times higher than the advanced nations, and their increasing ability to challenge or even surpass American and European technology in certain areas seemed to call into questions the dominance not only of Western power but of Western ideology.

本句的语序错综复杂，翻译时困难很大。在这种情况下，将一个十分复杂的句子简化成一个个小的具有最简单语序的句子，然后再译，是翻译复杂句子时常用的方法。

另外，英汉两种语言中从句（子句）语序的差异也是翻译过程中要注意的问题。以状语从句为例，英语中有些状语从句可以放在主句前，也可以放在主句后。例如：

【例 1】He got the job although he had no qualifications.

Although he had no qualifications he got the job.

【例 2】We camped there because it was too dark to go on.

Because it was too dark to go on，we camped there.

虽然 although 和 because 等引导的状语从句放在句首或放在主句后总会有些细微的差别，但这是英语语法允许的，因此每对中两句意义基本相同。汉语在处理这类状语从句时较习惯将 although 和 because 引导的从句放在前面，但是放在主句后也是可以接受的。因此，在这类状语从句的语序上，英汉两种语言有相似性。但有些状语的语序虽然在英语中可以很灵活，在汉语中就有些限制了。

【例 3】As I was walking down the street，I saw a police car.

【例 4】I saw a police car as I was walking down the street.

这类句子译成汉语时 as 从句一般不放到后面。一般来说，在英语中既可以放到前面，又可以放到后面的状语从句译成汉语时首选的译法是将状语从句放到前面，尽管有时放到后面也是可以接受的。

除了状语从句外，定语从句（或称形容词子句）的位置也有必要对比。英语定语从句都是放在所修饰的词的右边，称为 Right Branching Direction（RBD）。例如，The musician who played at the concert is from China. 但汉语的形容成分（定语从句）都是放在所修饰词的左边，称为 Left Branching Direction（LBD）。例如，在音乐会上演奏的那位音乐家是从中国来的。这种在展开句子的方向上不同的特点给翻译带来一些困难。

句法对比中另一个值得注意的是被动语态的对比。英汉两种语言中都有被动句，但英汉两种语言使用被动句的场合不完全一致。第一，英语语法十分严谨，一个句子必须有主语，汉语则不然，不用主语是经常见到的。结果，英语只能用被动语态的句子，汉语可以用主动句。例如，The application has been improved.A number of new features have been added and a number of bugs have been fixed. 本句用了三个被动结构，如果用主动语态，就很难找到三个动作的实施者，而且科技文章要尽量减少主观色彩，引进主语反而会增加主观色彩，因此用被动语态是最好的选择。但汉语用主动语态时不一定要用主语，因此上面的句子可以译成“已改进了该应用程序，增加了一些新的功能，同时纠正了一些缺陷”。英语必须有主语的这一规则使英语的使用有了很大的限制，而汉语既有被动结构，又不一定要用主语的特点，反倒使是否用被动句成为一种选择。例如，The procedure is performed under local anesthesia in an outpatient facility. 这句就可以译成无被动形式标识的被动句，即这种手术只需局部麻醉，在门诊部就可以做。或译成无主语的主动句：可在局部麻醉的情况下在门诊施行手术。第二，翻译中要注意的问题是汉语被动句的无形式标识特性。汉语的被动句不一定要用“被”字。有些译者常犯的错误就是不停地使用“被”字。例如，The article has been translated into English，but with little elegance to speak of. 此句译成：这篇文章被译成英语后失去了不少文采。这里就不如去掉“被”字。即便是使用被动语态的标识词，也不一定要用“被”。汉语中还有

“受”“遭”“为”等都能起到相同的作用，译者要灵活运用。

三、英语叙述呈静态，汉语叙述呈动态

英语句子多用名词，名词的使用频率大大高于动词，因而叙述呈静态；汉语句子多用动词，因而叙述呈动态。

关于静态和动态，夸克是这样描述的：“总的来讲，名词自然地被定义为‘静态’，因为它们所指的实体不论是具体（物质）名词，如 house、table、paper，还是抽象（精神）名词，如 hope、botany、length 等都是稳定的。相反，动词自然地被定义为‘动态’，动词适合表示动作、活动、暂时的或变化的情况。”

1. 英语的静态倾向多体现在名词化现象上，它主要指用名词来表达原来属于动词或形容词所表达的概念，如用抽象名词来表达动作、行为、变化、状态、品质、情感等概念。名词化是英语的普遍现象，它往往可以使表达比较简洁，造句更为灵活，行文更为自然，便于表达较为复杂的思想内容。在英语句子中，动词的使用受到限制，一个句子只能有一个谓语动词；英语具有强大的派生构词法，英语的动词和形容词大多都有相应的名词形式，再加上英语的介词十分丰富，这就使英语句子的表述倾向于静态，尤其是在政论文体和科技文体中更是如此，因为静态表述句子结构比较严谨，具有庄重感和严肃感，更能体现出哲理性和科学性。

【例 1】The doctor’s extremely quick arrival and uncommonly careful examination of the patient brought about his very speedy recovery.

[译文] 医生迅速到达，并非常仔细地检查了病人，因此病人很快就康复了。

【例 2】Scientific exploration，the search for knowledge has given man the practical results of being able to shield himself from the calamities of nature and the calamities imposed by other man.

[译文] 科学的探索、知识的追求使人类获得了避免天灾人祸的实力。

2. 由于英语名词和名词化短语的使用十分普遍，再加上英语句子呈现形合的特点，这必然导致介词的最大使用，因而产生了介词的优势。介词优势与名词优势结合，使英语的静态倾向更为显著。

3. 英语静态倾向还体现在英语中常常使用一些含有动态意义的形容词和副词来表达动词的意义。英语中有些形容词的词根是动词，如 useful、delightful、successful、hopeful、forgetful、alive、careless、attractive、explosive、

doubtful、productive 等。在英语中使用这类动词的同源形容词与弱化动词相结合的现象很普遍。一些由分词派生的副词或者是以动词——形容词——副词这种方式派生的副词，如 surprisingly、depressingly、unbelievably、wonderfully 等，也具有某种动态意义。

【例 1】We are always proud of our great motherland.

[译文] 我们总是为伟大的祖国感到骄傲。

【例 2】I am doubtful whether he is still alive.

[译文] 我怀疑他是否还活着。

【例 3】He is wonderfully patient.

[译文] 他的忍耐功夫着实令人吃惊。

（4）英语的静态倾向还体现在其动词的弱化和虚化。英语中最常用的动词正是动作意味最弱的动词——to be，以及一些常用的弱势动词如 have、become、grow、feel、go、get 等，这些动词的各种形式都缺乏动态感。此外，英语还常常将动词转化或派生成名词，置于虚化动词（如 have、make、do、take 等）之后做宾语，如 have a look、take a walk、pay visits、do some cleaning 等，这类动词短语往往显得虚弱或平淡无味。

总之，英语常常通过动词的派生、转化、弱化和虚化等手段，采用非动词的形式，如名词、介词、形容词和副词等，来表达动词的意义，因而叙述呈静态。

与此相比，汉语由于动词没有形态变化，无谓语动词和非谓语动词之分，无定式和非定式之分，前后左右不像英语动词那样都要受到限制。而且汉语的动词注重动态描写，不仅可以做谓语，还可以自由地做主语、宾语、定语、状语和补足语等成分，因而使用起来相当方便。因此，汉语的特点是多用动词，尤其是在表达复杂的思想时，常常借助动词，按时间顺序或逻辑顺序，逐步交代，层层推进。

【例 1】行者见他闭了门，却就弄个手段，拆开衣领，把顶风丹噙在口中，摇身一变，变作一个蟭虫儿，从他门隙处钻进。（吴承恩《西游记》）

[译文]When Monkey saw that she had closed the gate，he decided to play a trick.Having taken the wind-calming pill from his collar and put it in his mouth，he transformed himself into a tiny gnat and squeezed through a crack in the gate.（杨宪益、戴乃迭译）

【例 2】晴雯先接出来，笑道："好啊，叫我研了墨，早起高兴，只写了三个字，扔下笔就走了，哄我等了这一天，快来给我写完了这些墨才算呢！"（曹

雪芹《红楼梦》）

[译文]Qing-wen greeted him with a smile，exclaiming，“A fine one you are!On the spur of the moment you bade me grind ink for you this morning.But you threw down your brush and went away after having written merely three characters.You' ve kept me waiting for you the whole day.You are to use up this ink now.Be Quick!”（杨宪益、戴乃迭译）

（5）汉语的动态倾向主要表现在以下几方面。

①动词连用是汉语常见的现象。也就是说，现代汉语句子中，可以连续使用几个动词，如汉语中的连动式和兼语式。

【例 1】他们打完球洗澡。（连动式）

[译文]They will take a bath after they have played basketball.

【例 2】我们请她跳舞。（兼语式）

[译文]We asked her to dance.

②动词或动词词组可以充当汉语句子的各种成分。

【例 1】夸奖一回，奉承一回，把老太太的心都说活了。（做主语）

[译文]All their praise and flattery are having some effect on the old lady.

【例 2】革命不是请客吃饭。（做表语）

[译文]Revolution is not a dinner party.

【例 3】他心不在焉，几乎闯祸。（做谓语）

[译文]His absence of mind nearly caused an accident.

【例 4】他们决心洗心革面，脱胎换骨。（做宾语）

[译文]They are determined to turn ovcr a new leaf.

【例 5】我先是没有爬上去的勇气，接着便联想到私刑拷打的刑具，不由得毛骨悚然地出走了。（做定语、状语）

[译文]To begin with I did not have the courage to climb there.Then，being reminded of some instrument of torture，with an involuntary shudder I fled.

③汉语动词常常重叠或重复。汉语中动词的重叠或重复可以明显地加强汉语动词感的表现力。

【例 1】要吃有吃，要穿有穿。

[译文]You will have enough to eat and sufficient to put on.

【例 2】想喝就喝，想吃就吃，别客气了。

[译文]Drink or eat as you like.Please make yourself at home.

此外，汉语中还有大量含有对偶复意或对立并联的动词词组，如离乡背井、提心吊胆、前仆后继、想方设法等，这些动词词组也使汉语句子的动态意味更浓。

由于以上特点，英汉互译的过程往往就是一个静态与动态互相转换的过程。也就是说，英译汉时，主要是英语的部分静态句要向汉语的动态句转化，部分名词、介词、形容词和副词等静词要转化成汉语的动词。

相反，在汉译英时，汉语的动态句要向英语的静态句转化，汉语的动词要向英语的名词、形容词等转化，甚至要向具有某种动态意义的介词和副词转化。

【例 3】I did not know what the future held of marvel or surprise for me.Anger and bitterness had preyed me continually for weeks and a deep languor had succeeded this passionate struggle.

[译文] 但我不知今后等待我的是什么，会使我欣喜，还是惊骇。几个星期以来，我又气又恨，感到非常苦恼，这种感情上的激烈斗争过去之后，我感到浑身乏力。

【例 4】Reading makes a full man ; conference a ready man ; and writing an exact man.

[译文] 读书使人充实，讨论使人机智，写作使人精确。

【例 5】火箭已经用来探索宇宙。

[译文]Rockets have found application for the exploration of the universe.

【例 6】采用这种新装置可以大大降低废品率。

[译文]The adoption of this new device will greatly cut down the percentage of defective products.

四、英语的“主语凸显”结构和汉语的“话题凸显”结构

主语凸显是指主语和谓语这两个语法成分是句子的基本结构，句子中通常要有主语和谓语。话题凸显是指句子的基本结构是信息单位话题和评说的语言。

英语句子有严谨的主谓结构。主语不可缺少，谓语动词是句子的中心，两者强调协调一致。因此，英语句子主次分明，层次清楚，严密规范。英语句子的主谓结构可归纳为五种基本句型，即 SV、SVP、SVO、SVOO、SVOC 等。英语中其他各种长短句子，一般都可以看作这五种基本句型的变式、扩展、组合、省略或倒装，且所有句型中都必须含有 SV 结构，因此英语属于主语凸显的语言。

赵元任指出，在汉语里，主语和谓语之间的关系与其说是施事与动作的关系，不如说是话题和说明的关系，施事与动作可以看作话题和说明的特例。因

此，在汉语里用含义更为广泛的话题说明也许要适合得多。的确，使用这一观点分析汉语句子，更能客观地反映出汉英句子在句式结构上的异同。汉语是注重话题的语言。汉语常常将话题，即说话人想要说明的对象，放在句子的开头处，如果语言环境或上下文能暗示话题，也可省略，而将说明部分置于话题之后，对其进行说明或解释。

【例 1】He was canny，openhanded，brisk，candid，and modest.

[译文] 他为人聪明、生气勃勃、忠厚耿直、谦虚谨慎。

【例 2】Only five customers remained in the bar.

[译文] 酒吧间只有五个顾客还没走。

【例 3】这些新型汽车速度快、效率高、行动灵活。

[译文]These cars of new types are fast，efficient and handy.

五、英语的“物称表达法”和汉语的“人称表达法”

汉语句子在描述事物和阐述事理的过程中习惯使用人称表达法，即用人或有生命的事物做主语。英语句子常用物称表达法，让事物以客观的口气呈现出来，使叙述显得客观公正，语气委婉间接。

英语用非人称做主语主要分为以下两大类。

（1）使用抽象名词或无生命的事物名称做主语，同时使用表示人的动作或行为的动词做谓语，此句式常常带有拟人化的修辞色彩。

【例 1】Excitement deprived me of all power of utterance.

[译文] 我兴奋得什么话也说不出来。

（2）使用“it”“there be”和不定代词“one”做主语。例如：

【例 1】It never occurred to me that she was so dishonest.

[译文] 我从来也没有想到她这么不老实。

【例 2】In 2004，there was a strike participated in by five thousand workers.

[译文]2004 年，五千个工人参加了一次罢工。

【例 3】One must make painstaking effort before one could succeed in mastering a foreign language.

[译文] 要掌握一门外语，非下苦功不可。

（3）英语常用被动语态表示物称表达法；汉语常用主动式，采用人称、泛称或隐称表达法。英语使用被动语态，可以让叙述的事实或观点以客观、间接和婉转的方式表达出来，避免主观臆断。汉语中却少用或不用被动语态式，而较多用主动式。中国人的思维重“事在人为”，人的动作和行为必然是由人做的，事或物不可能自己去完成这些动作和行为，因而表达时常常说出施动者，采用人称表达法；若无人称，则采用泛称，如“有人”“人们”“大家”“人家”等。当主语不言自喻时，汉语又常常采用无主语句，即在句中常常隐含人称或省略人称。

【例 1】Rubber is found a good isolating material.

[译文] 人们发现，橡胶是一种良好的绝缘材料。

【例 2】It is claimed that the accident was caused by mischief-making by a disgruntled employee and not by operation inadequacies remains untested.

[译文] 有人宣称，那次事故是由一名心怀不满的雇员的恶作剧引起的，并非由操作上的缺陷所致，但此说法尚未验证。

【例 3】又要马儿跑得快，又要马儿不吃草，简直可笑！

[译 文]You want the horse to run fast and yet you don't let it graze.Isn't it ridiculous!

【例 4】没有调查，就没有发言权。

[译文]He who makes no investigation has no right to speak.

在英汉互译过程中，译者应根据英汉句子主语表达习惯的差异，在准确理解原文的基础上，对译文的主语进行重新选择。英译汉时，可将原文的物称主语转换为汉语的人称主语；汉译英时，常常根据汉语意义，或转换或添加适当的主语，以符合译文语言的表达规范。

【例 1】His passion carried him astray.

[译文] 他因感情冲动而误入歧途。

【例 2】Neither sorrow nor regret followed my passionate outburst.

[译文] 我发一阵怒之后，并不难过，也不后悔。

【例 3】过河拆桥、忘恩负义绝没有好下场。

[译文]Those who kick the ladder will certainly come to no good end.

第三节　英汉语言话语和篇章结构的对比分析

话语结构这个概念对语言的研究十分重要，因此这几十年来语言学家一直热衷研究此话语。翻译研究者也早就开始讨论话语与翻译的关系。但翻译理论方面的成果并没有很好地应用到实践中。换句话说，翻译实践略显滞后。这其中的原因恐怕和传统翻译理论只注意句子结构，很少以话语结构为翻译单位有关。要让译者认识到从话语层看翻译的必要性，先要对英汉两种语言中话语的结构进行比较，然后才能让从事翻译实践的人接受话语理论并应用到翻译实践中去。

话语结构指的是人们讲话的固定模式，特别是几个句子如何组合在一起的规则。因此，话语结构是约定俗成的。有些句子的结构并不是很固定的。但有些句子的结构很固定，不容增减改动，如英语中的某些套语就是特定场合下约定俗成的固定说法，不能随意改动。最常见的就是礼貌用语。在人际交往的特定场合，各种文化都有自己待定的用语。比如，在把一份礼物赠送给别人时，中国人习惯上会尽量贬低自己的礼物，说一些不见得符合事实的话，而西方人有另一套用语。又如，别人说你英文说得好，中国人多回答自己说得不好，但西方人会说“Thank you”。可见，英汉两种语言在这类话语结构的使用上差异很大，这反映了语言背后的文化差异，使用语言的人行为模式的不同。翻译这类话语结构是否可以照原文直译，还是完全采用译入语中功能完全对等的译法，这些都是值得讨论的。

另一个与话语结构有关的问题是句子之间的衔接是否紧凑，即句子的承前启后。这个问题在以句子为翻译单位时看不出来，但从话语结构的角度看，一下子就清楚了。英语中由几个句子构成的一个整体中每句间的承前启后自有一套规则，但汉语在表达同样的意思时就不一定用同样的方法。冲破句子的极限来观察语言，看到在话语结构这个层次上英汉语言的差异是译者不应该忽视的。只要放开眼界，把比句子大的语言单位看作一个一个的整体，我们就会发现这些较大的语言单位的结构也是受各自文化的制约的。从事翻译工作的人有时常会问一些非常有意思的问题，如是否可以将一段中的最后一句放到最前面，或将几个句子的次序颠倒。这就牵涉语段篇章的安排，即汉语写作中常说的“布局谋篇”。

篇章结构的异同实际上是思维结构的不同在语言上的反映。因此，比较一下英汉两种语言在思维方式上的差异很有必要。翻译学家辜正坤在他的《翻译标准多元互补论》中曾说：“英语往往把最需要表达的东西放在一个句子的最前边，汉语则往往把最需要说的东西放在句子的最后边。”辜正坤将印欧语与汉语在句法结构上的差异如何反映心理结构的差异概括如下：

印欧语：由内向外、由小到大、由近到远、由微观到宏观、由个别到整体、由具体到抽象。

汉语：由外向内、由大到小、由远到近、由宏观到微观、由整体到个别、由抽象到具体。

这个差异不仅反映在句子的句法结构上，还反映在比句子大的语言结构上。一个最明显的例子就是英汉两种语言在书写姓名地址时的差异。用英语写信封，总是先写个人的姓名，然后是街、城市、州、国家。用汉语写信封时则把这个次序完全颠倒过来，例如：

John Smith，389 Pine St.Fresno，CA90111，U.S.A.

中国北京，黄河大街11号，李海林先生收

在翻译信封上的地址时，照原文排列还是照译入语习惯排列，这一点同样值得考虑。

英汉两种语言在段落中句子的排列上也有差异。大部分英语的段落总是以主题句起头，结尾处往往有结尾句。这种写作的结构根深蒂固。相比之下，汉语中具有高度概括性的句子则常常出现在段落的中间或末尾处。这种差异往往给中国人学英文写作造成困难。英语教师往往要再三强调先写主题句，然后再围绕主题句展开段落，而说惯汉语的人对这一套说法很不习惯，因此虽然会写一个一个英文的单句，英语的布局谋篇则还要从头学起。于是，在英汉两种语言的翻译中是否要保留原句的布局特征，还是应该采用译入语的布局特征便成为一个值得注意的问题。如果将源语段落内的布局迁移到译入语中就保留了源语的思维过程，而采用译入语的布局安排就是将译入语的思维过程强加到译文中去，虽然两种不同的段落结构并不改变基本的语义，但大多数人提出将一段中的句子前后颠倒的方法并不可行。

文化是一个民族知识、经验、信仰、价值、态度、宗教以及时空观念的综合体现。文化具有一贯性、持久性，渗透于社会生活的各个方面。实际上，关于文化的定义，很难有一个统一的标准。据《大英百科全书》统计，在世界各国的正式出版物中，关于文化的定义达160多种。可见，由于学者的视角不同，对文化的定义众说纷纭。然而，在众多的文化定义中，最有影响力的当属英国19世纪人类学家爱德华·泰勒提出的关于文化的定义，文化是一种复杂体，它包括知识、信仰、艺术、道德、法律、风俗以及其余社会上习得的能力与习惯。然而，泰勒的文化定义似乎只强调了精神方面的文化，忽略了物质文化。后来，日本、美国和俄罗斯的一些学者修正了泰勒的定义，补充了“实物”的文化现象，将泰勒的定义修正为，文化是复杂体，包括实物、知识、信仰、艺术、道德、法律、风俗以及其余社会上习得的能力与习惯。简单地说，文化包括一切人类社会的共享的产物，既包括经过人的加工或包含了人的劳动在内的物质文化，又包括了含社会经济制度、家族制度、婚姻制度、政治法律制度以及根据这些制度所组成的各种团体在内的制度与组织文化，同时包括含价值观和世界观、审美标准以及思维模式在内的精神文化。

语言和文化是密不可分，相互依赖、相互作用的，任何一方都不可能脱离另一方而单独存在。语言是文化的一部分，是文化的载体和交流的工具。人们的知识与经验可以用语言来描述和储存。人们的生活习俗、行为模式可以用语言来描述和分析。社会制度、价值观念、信念、世界观等也可以用语言来描述、分析、评价。作为文化的镜子，语言必然受到文化的影响和制约。

而翻译是跨文化交际的桥梁。不同国家、民族之间不同文化的交流和渗透都离不开翻译活动。人类具有共同性，各国文化也有相似或共同之处，因而在翻译过程中，语言形式和意义上的对等或基本对等也会出现。但在翻译过程中，译者遇到的更多的是各国文化的差异。文化差异是指人们在不同的生态和自然环境下形成的语言、知识、信仰、人生观、价值观、思维方法、道德、风俗习惯等方面的不同。各个民族的地理位置、宗教信仰、价值观念、政治制度等不同，必然形成文化的不同。不同的文化观念不可避免地会发生局部的交叉碰撞和冲突，尤其是东西方文化的差异可能导致人们对同一事物或同一理性概念的不同理解和解释，有时甚至引起误解，从而给语言的翻译带来种种障碍和困难。正如美国翻译家尤金·奈达所指出的，对于真正成功的翻译而言，熟悉两种文化甚至比掌握两种语言更重要，因为词语只有在其作用的文化背景中才有意义，因此要做好翻译这个工作，除了必须了解英语和汉语之间的异同点外，还要重视英汉两个民族之间的文化对比研究。

一、词汇空缺

词汇空缺指在某一特定文化中所具有的事物或概念在另一文化中没有其对等语或对应语，从而在翻译中双语转换时形成一种词汇空缺。这类词主要包括以下几个方面：

一是生态环境方面，如汉语文化中的“三伏”“三九”等词在英语中就没有对等词。中国有竹，英国则没有。

二是物质文化方面，如汉语中的“饺子”“汤圆”“包子”“长袍马褂”“中山装”等；英语中的“cowboy”（牛仔）、“landing”（两楼梯间的平台）、“motel”（汽车旅馆）、“hot dog”（热狗）等。

三是社会文化方面，如中国有“下海”“走穴”“关系”“乌纱”“衙门”等词汇，而英语中有“squash”（英国的壁球）、“snooker”（落袋球戏）、“jet lag”（因长时间的远距离飞行旅行而引起的生理时钟紊乱症）、“American Dream”（美国梦）、“Halfway house”（康复医院）、“teleathon”（为竞选进行的长时间电视演说）、“House of Lords”（英国的上院）、“House of commons”（英国的下院）、“Hippies”（嬉皮士）等。

四是宗教文化方面，如中国文化中的道教、阴、阳、八卦等，而英语中有“God”（上帝）、“church”（教堂）、“missionary”（传教士）等。

在翻译过程中，对这类词汇空缺的现象，多数情况下采用音译、释义或意译等方法进行翻译，如将“乌纱”“衙门”“阴”“阳”分别音译为“wusha”“yamen”“yin”“yang”。还有一些文化含义特别丰富的词语，在翻译时必须通过注释来说明该词的语用意义，这样才能使读者了解源语独特的文化现象。

【例 1】togetherness

[译文] 不分彼此的集体感

【例 2】a throwaway society

[译文] 一个大手大脚、浪费成风的社会

【例 3】redshirt

[译文] 美国大学中在体育方面有发展前途的学生

【例 4】大腕、大款

[译文]a big potato ; a big buck ; a big cheese

二、词义冲突

词义冲突是指源语词语所载的文化信息，与译语中的对应词语所承载的文化信息是互相矛盾的。也就是说，词语的表层指称意义相同，但各自所承载的文化含义不尽相同或者相反。如 individualism，其汉语对等语是“个人主义”。在美国，个人主义的典型形象是移民初期身携长枪与斧头，敢于与饥饿、严寒、疾病做斗争的拓荒者。这种个人奋斗精神作为整个民族的文化精髓被传承下来。因此，在西方，人们重视个性的发展，普遍把个人主义视为个人价值的积极表现。“个人主义”被视为“拼搏进取”的同义词，具有明显的褒义色彩。但中国文化中的“个人主义”指一切从个人利益出发，把个人利益置于集体利益之上，只顾自己、不顾别人的错误思想。因此，在汉语文化中“个人主义”具有贬义色彩。

三、语义联想

触景生情、借物寓意是各个民族共同的思维方式。但各个民族所处的文化氛围和自然生态环境不同，对于同一种事物、同一种景象、同一种颜色，不同

的民族可能会产生不同的情感反应或不同的语义联想，这也是翻译中需要跨越的另一大障碍。

语义联想主要体现在英汉习语或成语的差异上。习语是一个民族长期以来在某个特定的社会文化条件下习用的形式简洁而意思精辟的、定型的词组或句子，是一个民族语言的精华，它往往和一个民族的历史背景、经济生活、地理环境、风俗习惯或心理状态紧密相连，因而更能体现语言中的文化因素。习语的整体意义并非是其构成的词语意义的简单相加，而是一种引申意义、比喻意义。

英语和汉语中有很多词语都带有浓厚的文化色彩。例如，“鹤”在中国文化中象征长寿。父母给孩子取名“鹤年”“鹤龄”，是希望孩子长命百岁。对于西方人来说，鹤引不起类似的联想。在中国人的心目中，“龙”是神圣的象征，是中华民族凝聚力的标志，中国人都把自己看作“龙”的传人。汉语中与“龙”有关的词语无一不是褒义词，如“龙腾虎跃”“龙飞凤舞”“龙凤呈祥”等。但在西方人眼里，“龙”是残忍的恶魔和罪恶的象征。

英语中的“peasant”在概念意义上与汉语中的“农民”对应，但在内涵意义上有很大区别。在英语中“peasant”的内涵意义是“一个社会地位低、教育水平不高的人”或“乡下人，土里土气的，没教养的人”。而在汉语中“农民”没有这些贬义。

同样，颜色词的联想意义在英汉两种语言中的差异很大。红色在汉语中是喜色，它象征着喜庆和欢乐，是褒义最浓烈的一个词，如“红火”“红运”“红包”“红太阳”“开门红”“红豆”等；还有婚礼上穿红装的新娘子，庆功会上英模披红绸、戴红花，都表示了喜庆、幸福、光荣。英语中则大相径庭，红色大都与暴力、流血和战争有关，用它来表示危险、发怒、禁止。例如，red alert（紧急警报）、red flag（禁止）、red ruin（火灾）、a red battle（血战）等。

四、语用含义的差异

语用含义指词语所蕴含的民族文化含义。文化的渊源不同，词语所承载的文化含义必然有所不同。在特定的文化语境中，词语表层的指称意义与深层的言内意义可能有所不同，或同一事物在不同的文化背景中所引起的语义联想不同，因而这些词语的翻译就涉及沟通和移植异族文化，以达到语用意义的等值转换。译者在处理这些词语时，必须采用释义或加注等方法，使译语读者了解源语文化背景知识和理解句子的隐含之义。

“willow”在汉语文化中常用以喻指春天的来临和春光明媚，或借柳树抒发离别思念之情，故有“春风杨柳万千条”和“昔我往矣，杨柳依依，今我来思，雨雪霏霏”的优美诗（词）句。而在西方文化中，古时候有戴柳叶花圈以哀悼死者的习俗，故“to wear the willow”有“痛失心爱的人，思念亲人”之义，而这种联想意义在汉语文化中是没有的。

“醋”在汉语文化中喻指一种不健康的嫉妒心理，尤其是在男女关系中，如“吃醋”“醋罐子”等。在西方文化中，“醋”只是一种调味品，很难把它与嫉妒联系起来。因而，在汉译英时，必须采用释义或加注等方法将“醋”的语用含义在英语中再现出来，以便西方读者了解中国的文化，理解句子的隐含之义。

【例 1】(赵辛楣）一肚皮的酒，几乎全化成酸醋……（钱锺书《围城》)

[译文]The wine in Hsin mei ' s stomach turned to sour vinegar in his jealousy.

【例 2】浅花叫了一声奔着井沿跑去，她心里一冷，差一点没有栽倒地上死过去。她想，竟来不及拉他一把，自己也跳到井里去吧。(孙犁《藏》)

[译文]Qianhua screamed and ran to the well.In a moment of horror she almost fainted and fell.She thought that since she had failed to save him，she might as well jump in and make an end of herself.

第六章　跨文化交际中言语交际能力与思维模式

第一节　英汉语言中的语义文化差异

通过英汉两种语言的比较研究，我们认为影响英汉两种语言的文化差异主要有以下四个方面：语义文化差异、语法文化差异、语篇文化差异和语用文化差异。

何谓语义？语义是客观世界通过人类思维在语言中的反映。A.J.Ayer 对语义的释义如下："一个句子，对某个人来说，只有当他知道如何去验证该句子试图表达的命题时才会有实际语义。"语言学家凯普森认为，词的意义取决于它对句子意义的贡献，而句子的意义取决于词和把词联结成句子的语法关系。由此可见，在英语中，句子是能够表达完整意义的语法单位，语篇是由一个或几个句子组成的"语义"单位，语义的确立有赖于词、句所依托的情景，即句子、语篇。

从横向的、跨文化的角度来看，语义的差异反映了不同文化价值观念的差异。语言总是在一定的语境中运用，并在情景中起一定的作用，语言与情景之间的关系密不可分。情景既包括讲话者的环境，如讲话内容、参与者、讲话媒介等，又指语篇内的环境，即上下文。社会文化通过各种具体情景语境来表现，情景语境制约着对意义系统的选择。在不同的情景下，同一个词会有迥然不同的意义。语篇是在情景语境的制约下通过对意义的选择生成的。现代英国语言学派创始人 Firth 说："每个词在不同的上下文中会成为含义不同的另一个新词。"请看 power 一词的例句：

（1）I will give you all my help within my power.I will try my best to help you.

我会尽力帮助你的。（生活用语）

（2）Which political party is in power now?

目前哪个政党是执政党？（政治用语）

（3）What is the power of this engine?

这台发动机的功能有多大？（物理用语）

（4）27 is the third power of 3.

27 是 3 的立方。（数学用语）

可见，英语词义比较灵活，词的含义范围较宽、较为多变，词义对语境的依赖性比较大；而汉语词义比较严谨，词的含义范围比较窄、比较精确固定，词义的伸缩性对语境的依赖性比较小。请看下列两个句子：

（1）He is the best student in his class and he is now getting better and better.

（2）He is the worst student in his class but he is now getting better and better.

两个句子中的 better 由于上下文不同，所依赖的具体语境就不同，因而词义和意义各不相同。句（1）中的 better 表示越来越优秀，而句（2）中的 better 则属于差的范畴。

一、联想意义的产生对语义的作用

词的文化联想是文化集团根据自己对某一事物的认识而产生的联想。在文化联想中很多人可以想到事物醒目的特征、习性、传说、与文艺的关系、历史事件以及文化集团中与之有关的社会风俗等。文化联想有属性联想和习惯联想两种。

1. 属性联想

属性联想主要指从客体属性方面产生的联想。有些事物由于普遍具备某种明显属性，在不同的语言中就会有共同的联想意义，如汉语中的“狐狸”和英语中的 fox 都会让人产生“狡猾”的联想。不同集团所接触的客体若属性不同，那么对这一客体的联想意义就有所不同。汉语的“东风”预示着春天的来临，而英国人却偏爱西风，因为在英国，东风从欧洲大陆吹过，代表着寒冷，西风则给英伦三岛送去温暖，带去春天。因此，汉语常常有赞美东风的文句，而英语却不乏歌颂西风的诗篇，雪莱的《西风颂》就是最好的例子。

2. 习惯联想

有些人一说到“乌鸦”就感到晦气，原因是曹操赤壁之战前所作的《短歌行》中有“月明星稀，乌鹊南飞，绕树三匝，何枝可依”之句，接着在战役中大败。后人认为诗中提到的“乌鸦”是凶兆，自此便忌讳乌鸦。中国人自古以来受诗词的熏陶，对“垂柳、杨柳”有一种诗情画意的联想。willow 在英国人心中则没有这层含义和联想，“垂柳”的英语表达是 weeping willow，weeping 是“下垂的”意思，同时有“哭泣”之意。因此，英国人对垂柳的钟爱远远不及中国人。汉语说“吹牛”，英语叫 talk horse，因为中国文化起源于农业，与耕牛关系密切；西方文化源于游牧，与马关系密切，即使犁地也是用马，而不用牛。汉语中有很多与牛有关的词语，如“老黄牛”“牛脾气”“牛角尖”“对牛弹琴”。英语中带马的词语很多，像 work like a horse（像牛一样地干活）、as strong as a horse（力大如牛）、a willing horse（认真工作的人）、hold one's horses（沉住气）等。

二、语义演变与价值观念演变

从历史的角度看，语义的演变与文化的沿革息息相关。陈原先生在《语言与社会生活》一书中指出，语言中最活跃的因素——词汇，常常最敏感地反映了社会生活和社会思想的变化。汉语中“老板”曾是带有明显贬义的称呼，有“剥削者”的嫌疑，如今在经济改革的大潮中，“老板”成广大人群十分羡慕的字眼。boy scout 原义为“童子军”，现带有贬义，表示“幻想而不切实际的人”。这些词语内涵的改变都折射了社会生活的变迁，成了时代变迁的风向。

三、语义文化差异交际的影响

美国著名语言学家爱德华·霍尔于 1976 年提出了强交际环境文化（high context culture）和弱交际环境文化（low context culture）的概念来区别不同文化中交际对环境的依赖程度。根据爱德华·霍尔的观点，在强交际环境的条件下，人们交际时，有较多的信息量或蕴含在社会文化的环境和情景中，或内化于交际者的心中；相反地，明显的语码则负载较少的信息量。也就是说，强交际环境文化中的人们对微妙的环境提示较为敏感。而弱交际环境中，交际过程中所产生的信息量大部分由显性的语码负载，相对地说，只有少数的信息蕴含在隐性的环境中，在弱交际环境文化中的人们习惯侧重语言本身的力量来进行交际。东方文化属于强交际环境文化，西方文化属于弱交际环境文化。

1. 语义同义关系

语义同义关系也称为语义相同（sameness of meaning）。句子中间的同义关系则称为释义关系（paraphrase），如 He loves his parents. 与 He loves his father and his mother. 同义关系是语义关系中最普遍、最重要的一种。

汉语中的我、鄙人、在下等均指第一人称单数，它们在用法上的差异在于说话者与听话者之间相互关系的不同，而不是语义上的不同，所以语义不能与用法等同。

2. 语义相近关系

在一组词中，如果所有词的词义成分中有一个共同的成分，就叫作语义近似。汉语中的姨（aunt）、姐妹（sister）、尼姑（nun）、女人（woman）、女演员（actress）、母牛（cow）等，这些词不是语义全部或主要部分相同，而是在语义的某一特性上相同或近似，都是“女的或雌性的（female）”，又如叔叔（uncle），兄弟（brother）、和尚（monk），男人（man）、男演员（actor）、公牛（ox）等，它们的语义特性都是“男的或雄性的（male）”。

3. 语义差异关系

这是与“语义相近”相对的关系。英语的 dog、tree、car、girl、aunt 的相似处在于它们都是实物（object），而 shadow、mirror、image、reflection、lap 等词的相似处在于它们都是影像（image）。这两组词之间的差异是“实物”与“影像”的差别。

4. 反义关系及对比关系

在我们日常的观念中，① young/old，hot/cold，② dead/alive，married/single，③ parent/child，husband/wife，④ go/come，up/down，⑤ north/south，spring/winter，morning/evening，Sunday/Saturday 等都是反义词，但它们之间的关系并不一样。例①表示的是反义关系，在语义学中又称为可分级反义词（gradable antonyms），例②这些词称为双分反义词（binary antonyms）或互补词（complementariness），它们是不可分级反义词；例③和例④为对立词（converses），又可称为关系反义词（relational opposites）；例⑤可通称为多项不相容词（semantic incompatibles），表示的是对比关系（contrastingness）。

5. 下义关系

英语词 finger—thumb、organ—liver、human—boy、dwelling—cottage 均属下义关系。这种关系又称语义内包关系（meaning inclusion），即一个语言符号的意义包括在另一个语言符号的意义内的一种关系。finger 为上义，thumb 为下义，因为 finger 包括了 thumb 的词义成分。与之相应的句子关系叫蕴含关系（entailment）。例如，① The car is red. 句子中的 red 含有句子② The car is colored. 中的 color 的词义，我们就说①与②的关系是蕴含关系。

6. 歧义现象或模糊现象

在 I' ve found the button. 这一句中，button 一词可以有两个不同的意义：①

纽扣，②按钮（电器开关）。故这个句子既可译为“我找到了那颗纽扣。”，又可译为“我找到了那个开关。”因此，这个句子的含义模糊。除了因一词多义或语法关系造成歧义现象外，还有由于所指不明确而造成的模糊现象。例如，It was too hot to eat. 可有不同的理解：① it 做无人称代词，表示天气，此句可理解为“天太热，不想吃东西”；② it 可指某样食物，如烤鸡，那么此句可译为“鸡肉太烫了，不能吃”；③ it 指某物，如一条狗，那么此句也可理解为“这只狗感到太热，吃不下东西”。这种由于不明确而引起的模糊现象，我们称之为不明确现象。

第二节 英汉语言要素与跨文化交际

一、英汉两种语言文化差异概述

英语和汉语属于两种不同的语言体系。英语属于印欧语系，汉语则属于汉藏语系。两者在语言、语义、修辞、词序、词的构成、词性变化、句法结构等方面存在着很大差异；双方历史、文化背景不同，地理环境、风俗习惯及社会制度也存在着很大差别。正是这些差异和差别决定了中西方各具民族特点的文化，进而决定了受不同文化熏陶的人的思维习惯、审美情趣等。英汉两种语言不但承载着不同的民族文化特色和文化信息，而且与文化传统紧密相连、不可分割。现从文化传统和风俗习惯、地理环境和思维方式以及价值观和审美情趣等几个方面对英汉两种语言的文化差异进行比较。

（一）文化传统和风俗习惯

由于历史、地域、文化背景、风俗习惯的不同，中国人和西方人往往对同一事物的思维、理解、看法不尽一致，甚至有很大差异。因此，不同的文化传统语言承载的信息感应不可能等效，因而绝对不能简单地对号入座，要讲究语用意义对等，即从语用学的角度考虑，遵循交际中的合作原则，包括礼貌原则、策略原则、满意原则和呼应原则等。

1. 称　呼

中国人的生活词典以“尊”字当先，一开口少不了“兄弟、哥哥、姐姐、叔叔、伯伯、大娘”之类的称谓，尤其是对待年长者。可是外国人对这点看得很淡，除了自己的亲戚外，他们不会轻易加敬称。若你加了，他们会感到非常不舒服，或许还会产生错误的想法。同样是问路，中国的孩子会说：“老奶奶，请问去邮局怎么走？”美国的孩子会说：“Excuse me，will you tell me the way to the post office?”

2. 打招呼

中国人见面打招呼常用的几句话是：“您吃了吗？”“您去哪儿？”这两句话在中国文化中没什么具体含义，只是一种礼节性的打招呼的方式，相当于英语中的 Hello 或 Hi。前一句如按字面意思译为 Have you eaten yet? 往往使外国人误以为你想请他们吃饭。再如，后一句译为 Where are you going? 或 Where have you been? 外国人听了会不高兴，认为你有干涉别人私事之嫌。英语国家的人打招呼通常以天气、健康状况、交通、体育以及兴趣爱好为话题，如我们非常熟悉的英语句型 How are you?

现将中国人和英语国家的人初次交往的禁忌归纳为“七不问”，即不问对方年龄（age）、收入（income）、体重（weight）、宗教信仰（religion）、婚姻状况（marriage）、吃了吗（Have you eaten yet?）和去哪儿（Where are you going?）。

3. 赞扬与答谢

在英美国家，赞美也是人们交谈的话题，赞美的内容主要有个人的外貌、新买的东西、出色的工作或取得的好成绩等。对别人的赞扬，他们最普通的回答是 Thank you！而中国人总爱抬高别人贬低自己。例如，听到老外赞扬 You look very beautiful today，没有经验的中国人通常会直译回答：“哪里，哪里。”或“你过奖了。”英美国家的人会被这种回答弄得莫名其妙。

一般来说，中国人在家庭成员之间很少用“谢谢！”如果用了，听起来会觉得很怪，或相互关系上就有了距离。而在英美国家“Thank you!”几乎用于一切场合的人际交往，即使在父母与子女、兄弟姐妹之间也不例外。当别人问道：“Would you like something to eat/drink?”我们通常客气一番，说：“不用了！”“别麻烦了！”等。按照英美国家的习惯，你若想要，就不必推辞，说声“Yes，please”；若不想要，只要说声“No，thanks”就行了。这也充分体现了中国人含蓄和英美国家的人坦率的不同风格。

二、地理环境和思维方式

人类赖以生存的地理环境包括四个重要方面：位置、气候、地形和自然资源。一定的文化实体总是存在于一定的地域空间内，不可避免地要体现该地域的自然面貌特点，反映到语言上就会使语言之间产生明显的差异：地理位置决定了当地的自然条件，特别的自然环境和条件对人们的心理、思维和行为习惯等造成了一定的影响，这一影响在语言中的体现非常直观。从历史传统和现实生活来看，英语民族长期过着航海生活，因而英语中与大海、航海或源于航海的词语比比皆是，如 a sea of troubles（无穷的麻烦）、follow the sea（当水手）、keep one's head over water（奋力图存）、Hoist your sail when the wind is fair.（好风快扬帆）等。从这些例子可窥见“海”字的踪影。这些词汇或句子在以大陆文化为根基的汉语中就没有对应词。

土地对任何国家都至关重要，所以汉语中有许多与“土”“土地”有关的词语，如土崩瓦解（collapse like a house of cards）、土生土长（locally born and bred）、土里土气（rustic）等。在比喻花钱浪费、大手大脚时，英语的表达是“spend money like water”，汉语则是“挥金如土”。

汉语中有许多关于山川、四季、农耕等方面的习语，如山重水复疑无路，柳暗花明又一村（The hills and streams have no end，there seems to be no road beyond；but dim with willows，bright with followers，another village appears.），一日不见，如隔三秋（A day's separation seems as long as three years.）。英语中的 As you sow，so you must reap.（种什么，收获什么。）不如汉语的“种瓜得瓜，种豆得豆”那么具体。

受长期农耕文化的影响，汉语中形成了“民以食为天”（People regard food as their primary want.）的传统，产生大量与此有关的习语，如“吃饱了撑的”（be restless from overeating-have so much surplus energy as to do sth senseless）、“吃不了，兜着走”（get more than one bargained for；land oneself in serious trouble），“吃里扒外”（eat sb's food and cater to his enemy）、“吃软不吃硬”（susceptible to persuasion rather than coercion）等。这些说法或表达在英语中比较少见，必须按照它们的实际含义根据上下文来翻译。

由此可见，汉英两种语言在地理方位和农耕表达上的差异同样反映出不同的文化内涵。只有了解了这一差异，我们才能创造某种“异国情调”恰当地进行语言转换。

三、价值观念与审美情趣

价值观念包括伦理道德、意识形态、宗教信仰以及风俗人情等可以作为“为人处世”准则的观念，一般被认为是特定文化和生活方式的核心。这方面的差异表现在汉英两种语言上有时十分明显，有时相当隐晦。作为文化构成的深层因素，它既是社会文化的组成部分，又是社会文化因素在人们心中长期渗透、积淀的结果，持久地影响着人们的态度、需要和行为方式。

（一）亲属关系

中国素有“礼仪之邦”之称。在数千年的文明史上，由于长期的农耕生活方式和儒家“长幼尊卑”的观念，中国文化形成了自己的一套道德规范和礼仪准则，其各种亲属关系和社会关系被规定得非常清楚和严格，如“伯父”“叔父”“舅父”“姑父”“姨父”这一组词指称父母间辈的男性亲属，不能混淆。这些亲属“亲疏有别，权利义务不同”，不加以区分是不行的。而对具有长期商业传统、推崇个体主义文化价值的英语民族来说，亲属关系和社会关系就没有中国传统文化那么清楚和严格，如英语中对非直系亲属，长一辈的一律称为 uncle 或 aunt，小一辈的叫 nephew 或 niece，而同辈人不分男女，一律称 cousin，这与丰富的汉语亲属名词相比简单多了，但对中国人来说简直不可思议，因为汉语中不仅要分清男女、长幼，还要讲究“堂”“表”“血亲”“姻亲”之别，也要弄清“姑表”“姨表”“舅表”等辈分和其他亲属关系。在英美等西方国家，孙子和爷爷可以相互直呼其名，以示亲昵。但在中国直称长辈姓名是不礼貌的。

（二）审美观念

不同的民族有不同的审美观念，这一点同时反映在不同民族的语言中。“猫头鹰”（owl）在西方文化中是“聪明”“智慧”的象征，如 as wise as an owl；而在汉语中，它是一种不祥之鸟，听到猫头鹰叫，人们认为会有灾难降临。“蝙蝠”在中国文化中因其谐音为“福”而被视为“福”鸟，但在西方文化中却是邪恶的象征。喜鹊在汉语文化中会引起“喜讯到来”的联想，如“喜鹊报喜”；而在西方文化中没有如此联想。“蜗牛”（snail）在美国是吉祥幸福的象征，在客人临行时送蜗牛，含有慢慢走、祝你一路平安的意思，而汉语则没有此意。

各种语言都有用动物进行比喻的习语，英汉两种语言也是如此。最典型的莫过于对“狗”的态度。狗（dog）忠实于主人，这种特性引起西方人对狗的好感，视狗为宠物，用来喻指人时多为褒义，如 top dog（重要的人）、Every dog has his day.（人人皆有得意时），还有 Love me，love my dog.（爱屋及乌）；而在中国人眼里，狗的忠实特性却有“仗势欺人”“为虎作伥”之嫌，在汉语里用“狗”比喻人时多带贬义，如“狗咬吕洞宾，不识好人心”，鲁迅先生的“痛打落水狗”更为人们所熟悉。英语中 You are a lucky dog. 是赞叹“你真是个幸运儿。”。若直译为“你真是只幸运的狗”，在中国人眼里肯定是不会引起美好、愉快的联想的。

三、英汉两种语言的语法文化差异

语法是语言结构的法则，包括词的构成和变化规则以及组词成句构篇的规则。众所周知，语言是人们进行交际、思维的工具。在同一民族内部，人们可能会因为年龄、性别、职业和各自所处的社会阶层的不同而使用不同的语汇表达各自的思想，但在语言的表达方式和手段上都认同并遵循同样的法则。这些语言规则是一个民族长期沿袭下来的言语表达习惯，是民族思维方式或程序的反应，是思维长期抽象化的结果。它的形成极其复杂。研究一个民族语言思维的规律，可以从一个侧面窥视出一个民族的心理特征和认知特征。从这个意义上说，语法反映了一个民族的意识和语言个性。我们试图对比分析英汉两种语言的语法和构词方法，从一个侧面揭示英汉两个民族在思维与表达方面的某些文化特点。

英汉两种语言属于不同的语言类型，有不同的形态结构模式。汉语属于分析型语言，没有形态变化，其语法关系主要靠词序和虚词表达。英语属于屈折型语言，靠词的形态变化表达语法意义，词序比汉语灵活，但相对固定，虚词很多，用得相当频繁。

形态变化、词序和虚词是表达语法意义的三大手段。这些语法手段在英汉两种语言中具有不同的特征。

（一）英语有形态变化，汉语没有严格意义的形态变化

所谓形态变化，即词的形式变化，主要包括构词形态和构形形态两个方面。

1. 构词形态

构词形态，即起构词作用的词缀变化（affixation），包括大量的前缀（prefix）和后缀（suffix）。英语的词缀数量多，种类齐全，灵活多变，常常一缀多义。汉语利用词缀构词仍处在发展中，不论数量或种类都不及英语。下列同义句的英汉表达方式的差异生动地说明了这一点。

He moved astonishingly fast.

He moved with astonishing rapidity.

His rapid movements astonished us.

他行进的速度快得令人惊讶。

他行进的速度之快，令人惊讶。

我们对他的快速行进感到惊讶。

英语通过词形变化，改变词性，用这些词灵活组句，可以表达一个几乎相

同的意思，汉语没有词形变化，就难以用那么多的句式表达同样的意思。英汉互译时，往往要改变词性、转换同类，才能通顺地表达原意。

2. 构形形态

构形形态，即表达语法意义的词形变化。例如：

I gave him a book. 我给他一本书。

He has given me two books. 他已给我两本书。

His father often gives him books. 他爸爸常常给他一些书。

汉语中的“我”“他”没有形式变化，同一个词可以表示主格、宾格或所有格；“书”没有形式变化，可以表示单数或复数，动词“给”也没有形式变化，可以表示现在、过去或已完成的行为。但英语对应的词 I、me、he、him、his、books、gives、gave、has given 却有形式变化。

英语的动词、助动词和情态动词常常结合起来，运用其形态变化，表示动词的时态、语态和语气。汉语没有这类变化，时态、语态和语气有时虽可借助一些半独立的词语来表示，但多数隐含在句中或上下文里。例如：

They told me that by the end of the year they would have been working together for thirty years.

他们告诉我，到（那）年底，他们一起工作就有三十年了。

New factories are being built all over the country.

全国到处都在兴建新工厂。

现代英语的形态变化主要是动词、名词、代词、形容词及副词的变化，以及上述的词缀变化。这些变化有性、数、格、时、体等。有了这些变化，一个词或词组常常可以同时表达几种语法意义，如从词的形态判别它的词类、在句中的作用与其他词的关系等。汉语没有形态变化，一般要通过借助词语、安排词序、隐含意义或用其他办法分别表达语法意义。

（1）Thus encouraged, they made a still bolder plan for the next year.（由于）受到了这样的鼓励，他们为第二年制订了一个更大胆的计划。（过去分词短语 Thus encouraged 含被动意义，做状语，表示原因；形容词的比较级 bolder 含有与过去相比的意义）。

（2）I regret not having taken her advice. 我后悔没有听她的劝告。（not having taken her advice 是动名词短语完成式的否定形式，做动词的宾语）。

（3）The book is said to have been translated into many languages. 据说此书已译成多种语言。（双重被动式，其中 to have been translated 是不定式完成式的被动语态）。

汉语的数量助词（如“们”表示复数）、动态助词（如“着”“了”“过”表示动词的体）与结构助词（如“的”“地”“得”表示定语、状语与补足语），虽类似于英语的形态变化，但这些成分的使用在汉语里通常缺乏普遍性：有的场合一定要用，有的场合可用可不用，有的场合甚至不能用。英语形态变化的使用有严格的规则，往往带有强制性。例如，汉语可以说“学生们”，但在“两个学生”“他们是学生”中，却不需要加“们”，而在英语中，以上情况 student 都要加 s。

（二）英语词序比较灵活，汉语词序相对固定

形态变化与词序有密切的关系。形态变化越多的语言，词序越灵活。英语的语法意义可以通过词序或虚词表达，在许多情况下也可以用形态标志表示。形态、词序和虚词这三大语法手段互相配合或交替运用，使英语词语和从句的位置比汉语灵活。

1. 英汉句子的倒装

英汉句子的主要成分如主语、谓语动词、宾语或表语的词序基本上相同，一般都是主动宾（表）。但与汉语相比，英语词序倒置的现象比较多。福勒将英语词序的倒装现象归为九类：

（1）Interrogative inversion（疑问倒装）

What in the world do you mean?

你的意思究竟是什么呀？

（2）Imperative inversion（命令倒装）

Come you，everybody!

大家都来吧！

（3）Exclamatory inversion（惊叹倒装）

What a beautiful voice you have!

你有多么好的嗓音啊！

（4）Hypothetical inversion（假设倒装）

A pair of black eyes might have done some execution had they been placed in a smoother face.

一对乌溜溜的眼睛如果长在一副更细净的面庞上，就足以迷人了。

（5）Balance inversion（平衡倒装）

Inexpressible was the astonishment of the little party when they returned to find that Mr Pickwick had disappeared.

当这一伙人回来发现 Pickwick 先生不见了的时候，那惊愕之态简直无法形容。

（6）Link inversion（衔接倒装）

Such are the rewards that always crown virtue.

这样的报酬常常是美德所应得到的。

（7）Signpost inversion（点题倒装）

By negation is meant the denial or absence of facts.

否定是指否认事实或不存在的事实。

（8）Negative inversion（否定倒装）

Not a finger did I lay on him.

我从没有指责过他。

（9）Metrical inversion（韵律倒装）

Good friend，for Jesus'sake，forbear.

好朋友，看在耶稣的份上，请你住手。

To dig the dust enclosed here.

别来挖掘这块土丘。

Blessed be he that spares these stones.

那肯保存这几块石头的，但愿他添福添寿。

And curst be he that moves my bones.

那要来打扰我的骸骨的，但愿他挨骂挨咒。

这些倒置现象，部分是由于语法的要求，部分是出于修辞的需要。英语词序能够如此灵活倒置，形态变化和运用丰富的连接词是两个重要原因。汉语缺乏形态变化，少用或不用连接词，词序相对固定。除了诗词或某些惯用的句式外，汉语语序的改变大多是把宾语提到动词或主语之前，从而引起宾语句法功能的改变，如“她文章写得好”“酒他喝得太多”。英语有结构性倒装（structuial inversion），也有功能性倒装（functional inversion），汉语则功能性倒装居多。英语形态变化规则要求句中词语之间保持语法关系一致（grammatical concord），有了这种一致的关系，词语之间只要前后呼应，就容易灵活安排。

2. 英汉句子的定语位置

汉语的定语一般在名词的前面，而英语的定语在许多情况下可以通过形态变化或借助连接词置于名词的前后，位置比较灵活。例如：

（1）a very important question

a question of great importance

一个很重要的问题

（2）at an unprecedented speed

at a speed unprecedented

以空前的速度

英语的修饰词和被修饰词有时借助形态变化或连接词还可以相互转化，从而改变其修饰关系，汉语则往往不能有类似的转化。例如：

（3）Her sparkling eyes betrayed her great excitement.

The sparkle of her eyes betrayed her great excitement.

她闪亮的眼睛说明她非常激动。

英汉两种语言的定语一般都紧挨着名词，但英语的定语有时可以远离名词，借助语法关系前后一致的原则，中间插入一些别的词语。这种情况若不细加分析，往往导致误译。

The second aspect is the application by all members of society，from the government official to the ordinary citizen，of the special methods of thought and action that scientists use in their work.

第二方面是使用科学家在工作中所运用的特殊的思想方法和行动方法。社会所有成员，从政府官员到普通百姓，都要使用这些方法。

汉语没有形态变化，少用甚至不用关联词，没有定语从句，名词之间的定语也不宜太长。英语借助形态变化、丰富的关系词和其他连接手段，定语可以前置，也可以后置，后置的短语和从句可以很长。例如：

An element is a substance that cannot be broken down into simpler substance by ordinary chemical means.

元素是一种物质，这种物质不能同一般化学方法再分解成更简单的物质。

翻译英语定语时，必须根据原文的意思和汉语的习惯灵活处理。即使是翻译英语的单词定语，有时也要改变其位置，转换成汉语的谓语或其他成分，因为汉语不习惯在名词前面用过多的定语，尤其是在口语里。例如：

She had such a kindly，smiling，tender，gentle，generous heart of her own.

她心地宽厚，为人乐观，性情温柔，待人和蔼，器量又大。

3. 英汉句子的逻辑思维

英语常用包孕许多修饰成分或从句的复合句或长句，句中各部分的顺序比较灵活。汉语表达同样意思时，主要借助词序和虚词，常见短语、分句、流水句，按照一定的时间和逻辑顺序，有先有后，有主有次，逐层叙述。这些英汉句子里的语序常常不同，甚至完全相反。一般来说，句中若有叙事部分和表态部分，英语常常是表态部分（判断、结论等）在前，叙事部分（事实、描写等）在后，即先总提后分述，或先讲结果后追叙过去，汉语的顺序往往相反；句中若有长短部分，英语常常是先短后长，即头轻脚重，汉语的顺序则往往相反，汉语的时间顺序和逻辑关系常常按照由先到后、由因到果、由假设到推论、由事实到结论这样的次序排列，而英语可以借助形态变化和丰富的连接词语，根据句子的意思和结构的需要灵活排列，顺序往往与汉语不同。试比较：

I believe strongly that it is in the interests of my countrymen that Britain should remain an active and energetic member of the European Community.

我强烈地认为，英国应该继续是欧洲共同体中一个积极而充满活力的成员，这符合我国人民的利益。

I was all the more delighted when as a result of the initiative of your Government，it proved possible to reinstate the visit so quickly.

由于贵国政府的提议，才得以这样快地重新实现访问，这使我感到特别高兴。

由于英汉思维习惯和表达方法的差异，改变语序、重组结构便成了翻译中的一种常用手段，对长句的翻译尤其如此。例如：

I believe that I speak for every sincere and serious representative in the United Natioas — so I am encouraged to believe by the speeches to which we have already listened this morning — when I say that the anniversary must be an occasion for an honest assessment of our failures in the past，matched by an equally determined will to do better in the future，so that we can escape from frustration and turn the anniversary into an inspiration and an achievement.

这次周年纪念会应该是一个老老实实地评估我们过去的失误的时机，同时应该是一个表达我们有同样决心要做好今后工作的时机。这样，我们就可免遭挫折，并可把这次周年纪念变成一种鼓舞和成就。当我讲这番话时，我相信——今天上午我们听到的发言也使我相信——我是代表联合国每一位真诚和严肃的代表讲话的。

这是一个多重复合句，通过连接词与形态变化把八层意思连接起来，先表态，后叙事，其语序几乎与汉语的表达习惯相反：5—6—7—8—4—1—3—2。

（三）英汉都有大量的虚词，但各有特点

英语的虚词（form words），也称结构词（structural words）或功能词（functional words），包括冠词（articles）、介词（prepositions）、助动词

（auxiliary verbs）、并列连接词（coordinators）和从属连词（subordinators）等。汉语的虚词（empty words）包括副词、介词、助词和连词等。英汉虚词都是与实词相对而言的，在句中主要起辅助和连接等作用。英汉虚词各有特色，不仅种类不同，用法也不同。

1. 英语有冠词，汉语无冠词

英语的最大特点是经常使用冠词和不定冠词，而汉语没有冠词，英译汉时可以省略。有时一个冠词之差，意思大不相同，这时汉语就要用不同的词语来表达。例如：

（1）out of question 毫无问题

out of the question 不可能

（2）take the chair 主持会议

take a chair 坐下

（3）She was with a child. 她带着一个孩子

She was with child. 她怀孕了。

2. 汉语有丰富的助词

汉语的最大特点是有丰富的助词，助词分为动态助词（如着、了、过）、结构助词（如的、地、得）和语气助词（如吗、吧、啊、呀）。这些助词的作用相当于英语的形态变化，能够表达丰富的语气色彩。例如：

他早来了！（确定语气）

He's been here a long time!

这回我可亲眼看见了！（感叹语气）

This time I've actually seen it for myself.

她真来了？（疑问语气）

Has she really come?

今天不会下雨吧？（揣测语气）

It isn't going to rain today, is it?

你好好想想吧！（提议语气）

Just think it over.

咱们走吧！（商量语气）

Let's go.

语气助词（emotional particles）是汉语最重要的特征之一。英语没有这类词，句中的语气一般要借助语调（intonation）或其他方法来表达。例如：

You must be feeling rather tired.

你一定觉得有点儿累。

你一定觉得有点儿累了。（较肯定的语气）

你一定觉得有点儿累了吧。（半信半疑的语气）

3. 英语常用介词，汉语少用介词

英语介词除了单独作为一类词使用外，还可以构成形式多样的合成介词和成语介词。这类词和短语不但数量大，而且使用十分频繁，与汉语相比，显得相当突出。汉语介词大多是从动词“借”来的。严格来说，现代中国语根本就没有真正的介词。英译汉时，英语的介词常常被译成汉语的动词。例如：

What is he at?

他正在干什么？

It looks as if we are in for a storm.

看来我们免不了要碰上一场暴风雨了。

There were 20 votes for her and 12 against her.

支持她的有 20 票，反对她的有 12 票。

4. 英语常用连接词，汉语少用连接词

英语表示并列和从属关系的连接词不但种类和数量比汉语多，而且使用率也比汉语高。除了与汉语相似的连接词（如 or 或者，not only……but also 不但……而且……，if 如果，because 因为，unless 除非，when 当……时候等）以外，英语还有连接代词、关系代词、连接副词和关系副词（who、whom、whose、that、what、which、when、where、why、how 等）。这些词在句中使用相当频繁。汉语有些副词（才、就、也等）经常与连词配合使用，既起副词的修饰作用，又起关联上下语句的作用（只有……才……，如果……就……，即使……也……）。这类副词有时也可以单独起关联作用。例如：

This was the period when Einstein began the research which resulted in the creation of his famous *Theory of Relativity*.

就在这期间，爱因斯坦开始进行一项研究。经过这项研究，他创立了著名的相对论。

Even if you go there it won't do any good.

就算你去了也没用。

Only after I had heard explanation did I understand what it was all about.

听了他的解释，我才知道是怎么回事。

汉译英时，常常要增补连接词。例如：

火车未停，请勿开门。

Don't open the door *until* the train stops.

喝水不忘挖井人。

When you drink water, think of those who dug the well.

无事不登三宝殿。

I wouldn't come to you if I hadn't something to ask of you.

四、英汉两种语言的语篇文化差异

语篇或话语，一般用来指文章、会话、面谈等比句子更大的语言单位。语篇的形成和样式表现了意义交流时的社会语境。语篇的特征与文化的许多特征有密切联系。一方面，不同社会文化背景下的人所使用、制造的语篇也不相同。另一方面，不同的语篇也建构着不同的个人经验和社会现实。

（一）汉语的意境与英语的动态

以马致远的《天净沙·秋思》为例：

枯藤老树昏鸦，小桥流水人家，古道西风瘦马。夕阳西下，断肠人在天涯。

此词篇幅很短，只有五句话，二十八个字。这五句不用一个动词，似乎只是九组词汇的意象排列，似乎散漫无神，毫无章法可言，其实不然。前三组九景：有远有近，有明有暗，有哀有乐。这些景以“断肠人”为中心，以“夕阳”为背景，以奔波为线索，形象十分鲜明、逼真，九景皆活。作者以“夕阳西下”一句作为前面写景与后面抒情的过渡，把意境和情韵巧妙组合起来，使各个分散的景点联结成完整和谐的意境，构成一幅令人伤感的暮秋黄昏行旅图。该词通过意境构成语篇结构上的衔接与连贯，充分体现了汉语“形散而神合”的特点。

下面是此词的译文：

Crows hovering over rugged old trees wreathed with rotten vine-the day is about done.

Yonder is a tiny bridge over a sparkling stream,

And on the fat bank, a pretty little village.

But the traveler has to go on down this ancient road,

The west wind moaning, his bony horse groaning,

Trudging towards the sinking sun,

Farther and farther away from home.

从形式上看，译文用了63个词，篇幅比原文长得多。译者用6个动词（hovering over，wreathed，moaning，groaning，trudging towards）和3个句子（the day is about done，Yonder is a tiny bridge over a sparkling stream，the traveler has to go on down this ancient road）使译文句法结构完整，叙述和描写情理逻辑性强，语义上更加简明易懂，与原文形成了鲜明的对比。4个现在分词（hovering over，moaning，groaning，trudging towards）从形式上将原文隐含的意境译活了，使整个画面更富于情景的立体动态和诗情画意，但明确的文面形式也使读者失去了许多遐想。由此可见，英语句式注重动态而汉语句式以静制动。

（二）汉语的言理与英语的言意

以《孙子兵法·始计篇》中的一段为例：

"兵者，诡道也。故能而示之不能，用而示之不用，近而示之远，远而示之近，利而诱之，乱而取之，实而备之，强而避之，怒而挠之，卑而骄之，佚而劳之，亲而离之。攻其不备，出其不意。"

《孙子兵法》共十三章，约六千字。作者使用了"舍事而言理"的叙述方式，将战争中的计与战、力与智、利与害、全与破、迂与直、输与胜等既相互冲突又相互联结的辩证关系分析得鞭辟入里，处处显示其特有的哲理之光。这段语篇是用排偶句展开的，句际没有用"路标式"的衔接手段。连接词当……，如果……主要是靠成对反义词（能—不能，用—不用，近—远）和动词（卑—骄，佚—劳，亲—离）起到前后呼应、承上启下的衔接功能，不但文章观点鲜明而且语篇文气舒展，具有很强的说服力，充分体现了汉语以话语（言理）为中心的篇章结构。这类句式也被称为话题说明句，即句子以题旨或语义为中心，语篇和话语的意图要从语境中去理解。根据申小龙对此书语篇结构的统计：语际主要靠"意合法"连接，占92%，而连接手段仅占7.4%。

请欣赏袁世槟先生的精湛译文：

All warfare is based on deception. Therefore，when capable of attacking，feign incapacity；when active in moving troops，feign inactivity；when near the enemy，make it seem that you are far away；when far away make it seem that you are near.Hold out baits to lure the enemy.Strike the enemy，when he is in disorder. Prepare against the enemy when he is secure at all points.Avoid the enemy for the time being when he is stronger. If your opponent is of choleric temper，try to irritate him.If he is arrogant，try to encourage his egotism. If the enemy troops are well prepared after reorganization，try to wear them down. If they are united， try to sow dissension among them. Attack the enemy where he is unprepared, and appear where you are not expected.

译者翻译第二句“故能而示之不能，用而示之不用，近而示之远，远而示之近”，用了4个时间状语引导词（when）衔接语篇，尽管省略了主语（you），但句式仍然是典型的英语句子结构。第三句的前半部分“利而诱之，乱而取之，实而备之，强而避之”，译文用了3个时间状语引导词（when）衔接语篇；第三句的后半部分“怒而挠之，卑而骄之，佚而劳之，亲而离之”，译文用了4个条件状语引导词（if）衔接语篇，这是语法成分完备的句子结构；最后一句“攻其不备，出其不意”，译文用了两个地点状语引导词（where）衔接语篇，这同样是典型的英语句式。由于这段译文使用了4组状语引导词，且句子的主谓宾语齐全，句子结构高度形式化，表义高度逻辑化。从句法角度来看，是“化隐为显”；从翻译理论角度来看，是“得意忘形”。整个语篇以言意为重。

（三）汉语的流感与英语的动感

《红楼梦》第六十五回“贾二舍偷娶尤二姨，尤三姐思嫁柳二郎”中有这样一段对白：

兴儿连忙摇手说：“奶奶千万不要去。我告诉奶奶，一辈子别见她才好。嘴甜心苦，两面三刀；上头一脸笑，脚下使绊子；明是一盆火，暗是一把刀；都占全了。”

这段文字是典型的汉语口语体。说者（兴儿）机关枪似的一口气说完了选段话，可说是一吐为快，畅快淋漓。此段口语，句式自由，语感活泼，节奏欢快，如行云流水。尽管整个句子语法核心成分（主语和谓语动词）淡漠，无结构可言，句间也无各种连接词，话语只是根据意义和语势的跳动铺排，自然展开，但丝毫不影响语义表达的逻辑性。充分体现了汉语流水短句的修辞效果；简洁，明快，活泼。由于话语中使用了一系列对比：嘴甜—心苦，上头—脚下，一脸笑—使绊子，明—暗，一盆火——把刀及句子音节数量上的平衡对称，声调平仄相谐，语义流高低升降有序，抑扬顿挫协调，使全句节奏感强，读来有种跳跃感。语感使全句文意贯通，浑然一体。

请欣赏翻译家杨宪益夫妇的译文：

Hsing-erh threw up his hands in dismay, “She’ll give you sweet talk when there’s hatred in her heart, she’s so double-faced and tricky. All the time she’s smiling she tries to trip you up, making a show of great warmth while she stabs you in the back. That’s the way she is.”

杨宪益夫妇把兴儿这连珠炮似的一串话翻译得神韵俱佳，语气自然流畅，一气呵成，读来毫无翻译的痕迹。译者在心领神会原文的基础上，在翻译时补上了“嘴甜心苦……都占全了”这一串流水句省略的主语和谓语动词，并用3个显性语篇功能词（when, all the time, while）把语法成分完备的单句串联起来，构成了一个语际衔接紧密、连贯自如的语篇，实属地道的英语。但其句式显得有些书面化，一定程度上失去了原文口语的流感语势。

从以上对比和分析来看，汉语句式灵活多样，不拘一格，一般不考虑句子的语法是否完备，上下文是否使用连接词，常常以词序、意境（情境、语境）事理、语势等为中心表达意义，语篇的衔接与连贯主要靠叙事的事理逻辑和语境等隐性关系来实现，读者需要通过“悟”才能达到对整个句子和语篇意义的理解；而英语多受制于语法形式和句子结构，句子以动词为中心，注重句子结构的形合，在很大程度上，只有在语法统辖下，句子才能通顺，表意才能准确无误，语篇的衔接与连贯主要靠完整的句法形式和各种显性功能词语来体现。

第三节　英汉语篇文化与跨文化交际

著名语言学家韩礼德认为，语言是“社会符号”，注重语言结构与社会功能的联系，注重语篇与情景的联系。任何语言的使用都有语境，有语篇必有语境。语篇理解离不开语境，离不开作为一种资源的经验。书面语篇没有任何外部语境，因此必须在阅读过程中创造内在的语境。此过程就是读者用其推理、演绎及认知能力构拟话语和题旨语境之间的相关性。

上述例文使我们看到英汉语言中的词汇语境对语篇理解十分重要。由于语篇必须是衔接与连贯的，词汇之间存在着多种语义关系，因此可以做由此及彼的推理。从语篇推导语境需要以上下文中的词汇作为推理依据，并以此激活图式。要靠词汇了解语篇的经验意义、信息内容，甚至人际意义。马丁的评价系统理论就系统地论述了词汇对人际意义的影响。从语篇推导语境就不能不重视词汇，因为“词汇意义对语句结构的解释起着积极作用”。

从单句语篇推导语境往往要依靠词汇作为语境线索。词汇不仅影响语法结构，语法结构还体现在词汇上。在语篇层次上，无论是衔接还是连贯都离不开词汇，因此理解语篇的信息内容离不开词。由于某个词使语篇难以理解时，我们可以在语篇中寻找一个意义相对明确、与疑难词之间存在某种搭配或共现关系的词作为语境线索。因此整个过程是从语篇推导语境，然后再从语境回到语篇，达到对语篇的理解。

语境线索是语篇中的一个词或词组，该词或词组可以激活相应的语境，借以确定另一个词或几个词的情景意义。例如：

The coffee spilled，get a mop.

The coffee spilled，get a broom.

第一句由 mop 激活，第二句由 broom 激活，加上对这类事情的经验，即可获得 coffee 的不同情景意义。第一句中 coffee 指“咖啡茶”，第二句中指“咖啡豆”这个理解当然是对的，但 mop 激活了什么并未交代。其原文是 In the first case，triggered by the word “mop” and your experience of such matters，you assemble a situated meaning... 人们会问：What is triggered? 文中未提。从句法看可能是 you，但 trigger 的宾语一般是某种动作或状态。那么起什么作用也就没有交代清楚。事实上 mop 激活了 your experience of such matters，激活了我们脑子里有关打扫卫生的图式。在这个图式里，作为图式成分的拖把和溢（泼、洒、流）出的残汤、水、茶、咖啡茶等液体联系着，扫帚和固体垃圾联系着。在语言里则体现为搭配。这里说的搭配是一种语义关系，并不局限于动宾、补足、修饰、并列等句法关系，但常常潜在地有这种关系。此处的 mop 和 broom 是语境线索，是这个语境线索激活了有关图式，根据图式中 mop 和 broom 的不同联系，决定了 coffee 两个不同的情景意义，从而了解语篇的意义。

再来看一个汉语例子：烟酒请勿登楼。

这是某一藏书楼楼梯口一块牌子上的话，意思似乎清楚，但仔细一想觉得有矛盾：烟酒如何登楼？“登”字成了语境线索，它激活的图式中“登”的动作只能与人联系，不能与无生命的东西（如烟酒）联系。这样就出现了在语境中无联系的成分，其相应的两个词在语言中却被放在一个搭配之中。这时联系直接语境进行推理就受到阻碍，于是需要联系我们的常识进行推理。常识告诉我们登楼的必是人，这里一定是以物代人。这又符合我们的语言知识，有时人们由于某种原因可以用隐喻语言以物代人，这里就是如此。“烟酒”首先指“抽烟喝酒”的动作，然后再指抽烟喝酒的人。但并非抽烟喝酒的人都不能登楼。句中“登楼”限制动作的特定场合，所以并非统指一般抽烟喝酒的人。例如，平时抽烟喝酒的人登楼时不抽烟喝酒，按理还是允许上楼的，所以这句话隐含“不得在楼上抽烟喝酒”之意。用“烟酒”而不正面提人是出于礼貌需要。这里“登”字作为语境线索确定了“烟酒”的情景。

单句书面语篇既无上下文又无外部语境，因此推理的结果是语篇的直义，而其中的逻辑推理时常是概率性的。

词汇语境线索在解决歧义、表面搭配不当、词的临时组合、词义笼统、新词词义等方面有助于理解。可以说我们对语篇的理解建立在语境线索解歧的基础之上。这是语境线索的一个重要功能。

一、一词多义

英语中一词多义常给理解造成困难和歧义。例如，That was an act to legalize abortion. 该句中的 legalize 作为语境线索，激活了议会程序图式，赋予 act“法案”的情景意义，排除了其“行动”之意。这就解决了产生歧义的可能。又如，I was going to take the plane to Chicago，but it was too heavy. 读到 take the plane to Chicago，人们自然会理解为“乘飞机到芝加哥”。但当读者读完这个句子，就会把 plane 理解为“刨子”。事实上，heavy 起了语境线索的作用。太重不好随身携带，那么，如果不太重就可以携带了，可见是个可以携带的物品。这就排除了“飞机”的意义，因为飞机再轻也不能携带。

二、搭配不当

一个词究竟是用于本义还是用于比喻义，语境线索可以帮助确定。例如，The climate was just right for growing sugar. 在人们的经验中，糖不能种植，但文中的 growing 激活了“种植”的图式，其中只有植物可作为图式成分，因此在否定 sugar 字面理解的同时，确定了 sugar 做 sugar cane、sugar beet 的意义。sugar 比喻性地替代了从中提取 sugar 的植物，这样就解决了表面不搭配的问题。

三、临时组合

有些临时组合，特别是名词做定语与另一名词的组合常常令人费解。这种情况下语境线索往往可赋予这种组合情景意义，从而使语篇意义清楚明了。例如，He is a coffee-after person. 这是一位美国教授在说她丈夫。看起来不符合英语句式。理解的困难在于 coffee-after，然而，恰恰是 coffee 为我们提供了理解的语境线索，激活了一个喝咖啡的图式。咖啡虽然任何时候都可以喝，但大多数美国人早晨都要喝咖啡。这样的话是常可听到的：You get up in the morning and go online before getting your coffee. Coffee after... 通常 coffee 是早餐时喝，coffee after 当指 coffee after breakfast，用 coffee-after 修饰 person，说明此人经常如此，已成习惯。所以这句话的意思是“他总是早饭后喝咖啡”。对于临时性组合，词汇语境线索可激活有关图式，经过推理，帮助理解。

四、词义笼统

英语中有些形容词的意义很广泛、很笼统，如 good、sound、great，在语言使用中人们很难把握其确切意义，因此特别受语义分析家的重视。保罗·齐夫举了一个很说明问题的例子：This is a good strawberry. This is a good lemon. 他解释说，草莓取其甜，good strawberry 应该甜；柠檬取其酸，good lemon 应该酸。这里 good 的意义取决于它所修饰的词，因而获得两个完全不同的意义。

五、文化语境

文化语境或意识形态对理解也有差异。例如，对“8888 is a good number.”这句话，中国人和英美国家的人都能接受，但理解不同。中国人认为这个数字吉利，而英美国家的人则认为便于记忆。可见，文化背景不同，赋予语言的意义也不同。

第七章　跨文化交际下的英汉修辞转换

第一节　英汉修辞格的特点

英语中对修辞的定义是：The art of using words in speaking or writing so as to persuade or influence others. 明确将修辞看作是“在演讲或写作中为说服或影响别人而使用词的艺术”。在古代西方，演讲人为了吸引听众而讲究用词艺术以提高演讲的效果，这种演讲的传统自古传今。而在诗学及修辞学中西方人明确提出了比喻等修辞手段和风格的概念。

西方的古代哲学家、语言学家，尤其是近现代的哲学家、语言学家都从各自的研究领域或方向对语言的修辞给予了一定的阐述或将其意思隐含在其表述中。例如，英国哲学家奥斯汀在其创立的言语行为理论中，其中有一条是言外行为，它是指以言行事，即表明说话是为了达到影响他人或约束自己的目的；美国哲学家格莱斯创立的合作原则中有一条准则是关联准则，它要求说话人要贴切；美国语言学家派克从语调的意义出发将说话人在词义之外对话语所加的态度和感情看作是修饰句子或短语的词汇意义等。国内的一些学者也从不同的角度对修辞的特性进行了阐述，如修辞是言语行为，言语行为的目的是交流。交流是为了信息和情感的互动，互动就是在平等的基础上的沟通，而沟通就要对话；吕熙先生则将修辞浓缩为语言的准确、鲜明、精炼、生动、深刻等。

中文“修辞格”这个术语可以追溯到九十多年前的 1923 年，当年唐钺先生著的《修辞格》出版发行，随后 1932 年陈望道在自己著的《修辞学发凡》一书中将此术语广泛使用并使之推广。那么，从修辞的结构上看，其特点与种类为以下四种。

第一，描述体描述对象体。所谓描述体是对对象体表示形象的修辞体；而对象体是被描述的对象。

第二，换代替换代本事体。所谓换代体是一种从正面、侧面、反面临时换代本事体的修辞体；而本事体是固有的、隐而未说的，与换代体在内容上相同的修辞体。

第三，引导体引导随从体。所谓引导体是指两个或两个以上的修辞语句的先行语句，而随从体是引导体的随从，受引导体的引导和支配。换句话说，就是引导体怎么引导，随从体就怎么随从。

第四，变形体变形原形体。所谓变形体是通过增加或减少等手段，对原形给以结构形式的变化；不是变得面目全非，而是对原形体给以全部、部分形式的保留；而原形体是指原有语句结构未经任何改变的修辞体。

以上四点将辞格的基本特征、特点、内容全部涵盖在里面，比较全面地反映了修辞格的各种结构的形式。

从特性上看分为三种：具有动人的表达效果，具有特定的结构模式，具有稳定性、发展性。

纵览中外语言修辞特点，其共同点为“化平淡为新奇，化呆板为鲜活，化枯燥为生动，化冗杂为洗练，化晦涩为明快，化一般为艺术，激发联想，唤起美感，娱人耳目，增强表现力、说服力和感染力，做到语言形式与表现内容完美和谐的统一”。

第二节　常用修辞格的翻译运用

一、比　喻

比喻分为明喻、暗喻和借喻。它是由三个要素组成的：本体，指比喻的事物；喻体，指用来比喻的事物；喻词，指连接本体与喻体的词。明喻就是两者之间存在着明显的比喻，用“像，好像，仿佛，像……一样”等字眼来表示。暗喻就是两者之间的关系不太明显，看不出是在打比方，而实际上是在打比方，常用“是，就是，等于”等词来表示。借喻是用喻体来比喻。

英语修辞中的称谓与汉语的略有不同，不能完全一对一地对照着使用，英语的 simile（明喻）与汉语的明喻基本相同，都是用某一事物或情境去比喻另一事物或情境。在英语的 simile 构成中，三个要素也是缺一不可的，即本体、喻体、喻词。英语的喻词用 as、like、as...as... 等。例如，as gay as a lark/a bird（像百灵鸟一样快活）、as sudden as an April shower（像四月的阵雨一样突然）、as crazy as a bedbug（像臭虫一样疯狂）、as brave as a lion（像狮子一样勇敢）、as gentle as a lamb（像羔羊一样温顺）、as proud as a peacock（像孔雀一样骄傲）。

但英语里的 metaphor（隐喻）则兼有汉语中的暗喻和借喻的特点，即均将甲物当作乙物来比喻，表达方式为甲是乙。例如，a rat leaving a sinking ship（不能共患难的人）、a rat in a hole（瓮中之鳖）、a black sheep（害群之马）、a snake in the grass（潜伏的危险）、a bull in a china shop（莽撞闯祸的人）、make a duck's egg（得零分）、wake a sleeping wolf（自找麻烦）、hold a wolf by the ears（骑虎难下，进退两难）、keep the wolf from the door（免于饥饿）、rain cats and dogs（下倾盆大雨）。

【例 1】Some people waste their substances on riotous living like a prodigal son and find it turns to dust and ashes as life loses its savor.

[译文] 一些人挥霍着他们的钱财，像花花公子一样过着没有节制的生活，当发现生活失去滋味时，财富已变成了粪土。（明喻）

【例 2】She is shedding crocodile tears.

[译文] 她在掉鳄鱼的眼泪。（借喻）

除了以上三种主要比喻的形式外，汉语里还有一些英语里所没有的其他比喻形式，如较喻、层喻、互喻、引喻、反喻、迂喻等。这些比喻形式是在原有三种比喻基础上稍加变更而来的。

二、比　拟

比拟分为拟人与拟物两种。拟人是将人以外的事物当作人去写的手法；而拟物则相反，是将人作为物或把一种事物当作另一种事物的手法。

英语中的拟人与汉语中的拟人相同，都是将事物赋予人的动作、言行、思想及情感。但英语中的拟物是通过象征来表现的。

【例 1】田里现在还只有干裂的泥块，这一带，现在是桑树的势力。

[译文]The unplanted fields as yet were only cracked clods of dry earth ; the mulberry trees reigned supreme here this time of the year.（拟人）

【例 2】The crocodile in the river thought hard and finally he had an idea.

[译文] 河里的那条鳄鱼冥思苦想，最后终于想出了个主意来。（拟人）

【例 3】Mark my words，the first woman who fishes for him，hooks him.

[译文] 瞧着吧，不管什么女人钓他，他就会上钩。(拟物)

三、借　代

顾名思义，借代就是借那些与人或事物有密切联系的事物来代人或事物的一种修辞手法。由于借代在代表某类人和事物时具有独特的或明显的或典型的特征，故一提到这类人或事物时人们就很自然地联想到它所指代的另一类人或事物。英语中表示借代修辞的方法通常通过换喻法、举隅法、提喻法。

【例 1】The pot shouldn't call the kettle black if it's got soot itself.

[译文] 要正经除非自己锅底没有黑。

[分析] 此句用“锅底”代历史行为，用“黑”指代污点、不检点。

【例 2】He was promoted from the grey-collar to the white-collar in the shortest time.

[译文] 在短短的时间内他就从灰领升到了白领。

[分析] 句中用 grey-collar 代体力劳动者，通称灰领；white-collar 指脑力劳动者，通称白领。前者属服务行业工人，后者属机关职员。

四、夸　张

夸张是指对事物的全部或部分进行过分的、言过其实的描述。这样做是为了突出或夸大某事物以吸引对方或炫耀自己。当然夸张不只是一味地夸大，也有相反的情况，对某事进行缩小的描述。英语的夸张与汉语的夸张意义相同，都是突出事物的本质以给人留下深刻印象。

【例 1】叶子和花仿佛在牛乳中洗过一样。(朱自清《荷塘月色》)

[译文]The lotus leaves and flowers seem to be washed milked.

[分析] 用“牛乳”来夸张叶子和花不是在一般的水中洗过，而是在牛乳中洗过，以此来增强读者对月色下荷塘里的叶子和花的感受与印象。

五、对　比

对比是指通过语言将客观事物中的相互对立的矛盾体、对立面再现的过程。恰到好处地运用对比修辞的手法能增强文章的色彩，在对比中突出事物的特征、本质。英语中的对比，其特征也是将两个正反方面或一个事物相互对立的两个方面放到一起描述的过程。它要求作者在运用此修辞时应遵循对立对仗等特征。它对仗工整，锦心绣口；意境高远，自然成趣，增进文章的华彩。它音节匀称，分量相当，看起来平均均衡，听起来和谐悦耳，使人产生一种稳当、愉快、完美的感觉，符合美学的均衡原则。（吕煦《实用英语修辞》）

【例】Work has a bitter root but sweet fruit.

[译文]工作有苦也有甜。

[分析]bitter与sweet相对应，root与fruit相对应。

六、双　关

双关是指一个词语或一句话涉及两个方面的意思，一个是表面词语的意思，另一个是其隐含的意思。运用双关修辞格的人往往是以其隐含意思来展示其想表达的意思及意图，即言在此而意在彼。这种修辞运用恰当会使语言生动、有趣。英汉两种语言中的双关都可分为谐音双关（homophonic puns）和语义双关（homographic puns）两种。谐音双关是将词义不同的谐音词组合在一起的修辞用法，语义双关就是指根据一词多义的特点而构成的双关。

【例1】On Sunday they pray for you and on Monday they prey on you.

[分析]这句英语用了“pray(祷告)”和“prey(榨取、掠夺)”的谐音双关。但译成中文时如何译，是译成表面意思还是隐含意思呢？这两者是有很大区别的，语义感也是不同的。第一种译法是从词的表面意思上翻译，即“周日（今天）他们为你祷告，周一（明天）他们就向你榨取”。第二种译法我们取其义翻译，即“他们满嘴的仁义道德，背地里却男盗女娼”。从语感上看第一种译法显然不如第二种译法强烈，第二种译法给读者的感觉更深刻、逼真，直截了当地揭开了伪善者的面纱，向人们揭露了他们的真面目。因此，双关语的翻译常使译者头痛终日，难求一解。有时可借用原文的词语，有时要变通处理，或增添译注，或改用其他等值的双关。（邱述德《英语歧义》）

【例2】Flying planes can be dangerous.

[译文1]正在飞行的飞机是危险的。

[译文2]驾驶飞机是危险的。

【例3】They called John a teacher.

[译文1]他们为约翰叫了一位老师。

[译文2]他们称约翰为老师。

七、婉　曲

婉曲也称委婉（euphemism），是以转弯抹角的方式暗示说话人原本的意思，而不是直接说出事情或人物的本质。中外作家、诗人在其作品中广泛使用此种方法。不同的人在使用委婉时所表达的效果是有差异的。有的人想借此增加语言的力量；有的人是为了不伤及他人或对方而采用委婉，这样对方可在一定程度上接受其观点。汉语的婉曲可分为婉言和曲语。英语中的委婉语通常是说话人不以令人尴尬的语言或粗鲁的语言，而是以含蓄的、温和的语言表达其原意。

【例 1】His mother passed away last night.

[译文] 他母亲昨晚去世了。

[分析] 短语 pass away 就是 die 的委婉语。说话人在此不是用 die 直接表达，而是以间接的、委婉的、对方能够接受的语言来表述这一事实。

【例 2】Millions of heroes have laid down their lives for the liberation of mankind.

[译文] 无数英雄志士为了人类的解放事业献出了生命。

[分析] 短语 lay down one's life 表示牺牲（自己的）生命，为人类的解放而献身，比直接说死要好听得多、委婉得多。

八、拈　连

拈连指说话者将适用于某人的词语，顺势用在另一人身上。它分为全式拈连和略式拈连两种。拈连，顾名思义，就是将两件事物用拈连词语连起来。这种修辞在汉语文学作品中应用广泛，与英语中的 zeugma（轭式搭配）相同。英语中的轭式搭配是用一个形容词来修饰两个名词或一个动词来支配两个名词，把原本相互不关联的词语联在一起来表示一个更深刻的含义，以增强语言的感染力。

【例】He caught a cold and a bus.

[分析] 在此句中，感冒与公共汽车本是不相干的两个事物，但用 catch 这个词将它们串联起来，以幽默的笔触勾勒出他是个弱不禁风的人，费了好大的劲儿才赶上了公共汽车，但由此得了一场病。如果此句以中文的拈连法翻译，即“他赶上了公共汽车，所以也就赶上了一场感冒”。用“赶上”将两件事连在一起，而第二个“赶上”则是信手拈来的，表现出作者的匠心及诙谐的笔调。不过从英语的词语搭配中我们注意到，这种搭配的特点是：动词后有两个名词，而且都搭配得顺畅，构成一种自然组合。但并非所有的组合都是这样，如 Weeping eyes and hearts. 不能直译为“流泪的眼和心”，这时需要采用变通译法，采用排比的译法比较合适，即“一双双流泪的眼睛，一颗颗哭泣的心灵”。

九、对　偶

对偶指将意义相关、结构相同、上下字数相等的部分对称地排列在一起以表示一个完整的意思。汉语里的对偶要求出句与对句要平仄相对、词性相对，上半句与下半句必须各自独立，然后形成一对平仄律，让读者读起来十分悦耳。按类型分，对偶可分为正对、反对和串对。但从结构上看，它又可分为严对与宽对。

英语里的对偶与汉语里的对偶在组词时很相似。即上下对应，词数相同，意义相对，表示一种对比或对照的关系。

【例 1】You are going ; I am staying.

[译文] 你离去，我留下。

[分析]you 与 I 对应，going 与 staying 对应。词数相同，意义相反，排列对称，译成汉语时也译成对偶句。

【例 2】Man proposes，God disposes.

[译文] 谋事在人，成事在天。

[分析]Man 与 God 对应，proposes 与 disposes 对应，词数相同。

有英语的对偶句尾音节押韵或尾音相同。例如，going 与 staying，proposes 与 disposes。

十、排　比

排比是指将两个或两个以上的结构相同、字数大体相等、意义相近的语句用于表达相似或相关内容。排比由小到大可分为词的排比、短语的排比、句子的排比。英语的排比与汉语的排比修辞相同。其效果是给人以整齐划一的美感。

【例】Thus we hate what threatens our person，our liberty，our privacy，our income，our popularity，our vanity and our dreams，and plans for ourselves.

[译文] 我们的身体、我们的自由、我们的隐私、我们的收入、我们的人缘、我们的虚荣、我们的梦想以及为自身所做的各种安排，凡此种种受到威胁，我们就会仇恨。

[分析] 在这个英语句子里作者共用了八个排比词语，由此使这段内容更为明晰、强烈，语言更有气势，翻译应体现出排比句。

十一、层　递

层递是指采用结构相似、依轻重或大小递增或递降展现事物的过程。英语中称 climax，它是由表及里，层层深入的过程，具有紧密的逻辑关系。

【例】这是家庭的毁灭、道德的沦丧、国家的崩溃。

[译文]It was the ruin of the family，the uprooting of moral，the destruction of the nation.

[分析]这句的递进关系是由小到大的进程关系，先小家后大家，层次分明，论述明确，印象效果深刻。

十二、反　复

反复是指词语或句子的重复，其功能在于加强语气、突出内容、引起人们的关注。其被广泛应用于诗、小说、散文等体裁中。英语的 repetition 与汉语的反复相同。

【例 1】But what if she should die? She won't.She's all right.But what if she should die? She can't die.But what if she should die? Hey，what about that? What if she should die?(海明威《永别了，武器》)

[译文]可是她如果死了怎么办？她不会的，她没问题。可是她如果死了怎么办？她不能死。可是她如果死了怎么办？嘿，你想怎么样？她要是死了怎么办？

[分析]作者在这一小段里多次重复一句话，通过这数次的重复，一方面表现了主人公在其妻子分娩时痛苦的情景下的焦虑心情；另一方面通过反复地将内心独白展现给读者，以唤起读者的同情，增加感人的效果。

汉语中的重复部分在译成英语时也不都是重复地翻译，而是根据具体情况做适当的调整。

【例 2】欲说还休，欲说还休。你可能就是要制造这种藕断丝连的效果。

[译文]You wanted to say it，but you did not.You wanted to say it，but you never did！ It seems you just wanted to create a broken relationship that is not totally broken.

十三、移　就

移就是将应该修饰一事物的词移到修饰本不该修饰的另一事物上。其特点是移来修饰事物的形容词通常是修饰人的，从而达到增加语言的艺术效果的目的。

【例 1】I threw a nervous glance at my son.

[译文]我紧张地看了一眼儿子。

[分析] 这里的移就体现为形容词 nervous。它本来是修饰人的，现在用来修饰 glance。它们之间的组合搭配不是常规的，因而这种词语的搭配是一种暂时的语言迁就，是为了达到某种效果而使用的。

【例 2】He passed many an anxious hour in the train.

[译文] 他在火车上度过了许多令其焦虑不安的时光。

[分析] 同样，anxious 通常修饰人，表示人的焦虑心情，现在用来修饰 hour，显然，这是作者独特的写法。

第八章　英汉数字、色彩文化对比与翻译分析

第一节　英汉数字文化对比与翻译分析

一、英汉数字文化对比

（一）英汉数字习语结构对比

数字习语包括数字语素（N）与其他语素（M）两部分。这里以数字个数和位置为依据，分别介绍英汉数字习语的结构类型。

1. 英语数字习语的结构类型

结合英语数字习语本身的结构特点，可将其结构分为以下几种情况。

（1）包含两个数字的习语，中间以连词连接，但也有大于两个数字的，其模式可大致归纳为 $E=N_1+and/or+N_2$。例如，six and half a dozen（半斤八两），four and one（星期五）等。

（2）和第一种情况类似，同样含有两个数字，但中间由介词来连接，其模式可大致归纳为 $E=N_1+P+N_2$。例如，one in thousand（万里挑一），ten to one（十有八九）等。

（3）动词和数字组合成的习语，其模式为 E=V+N。例如，strike twelve（获得最大成功），go fifty（平分）等。

（4）修饰词或限定词构成的数字习语，其模式可大致归纳为 E=M/D+N，这类习语一般只含有一个数字。例如，a fast one（诡计），a deep six（海葬）等。

（5）介词之后接数字的情况，其模式可大致归纳为 $E=P+N_1+N_2$。例如，by twos and threes（三三两两地），to the nines（完美地）等。

2. 汉语数字习语的结构类型

通常而言，汉语数字习语多含 0 到 9 以及十、百、千、万这几个数字。根据数字出现的频率，有以下五种类型。

（1）含一个数字的数字习语有以下三种模式，这类数字习语数量最多。

第一，C_1（1）$=N_1+M_1+M_2+M_3+M_4$ 等。例如，八面来风、一言以蔽之等。

第二，C_1（2）$=M_1+M_2+N_1+M_3$。例如，目空一切、莫衷一是等。

第三，C_1（3）$=M_1+M_2+M_3+N_1$。例如，忠贞不贰、表里如一等。

（2）含两个数字的数字习语有以下三种模式。

第一，C_2（1）$=N_1+M_1+N_2+M_2$，这种数字习语很常见，其中的 N_1 和 N_2 可以相同，如百依百顺等；也可以不同，如四面八方等。

第二，C_2（2）$=M_1+N_1+M_2+N_2$，这种数字习语经常能够见到。例如，横七竖八、朝三暮四等。

第三，C_2（3）$=M_1+M_2+N_1+N_2$，这种模式的数字习语有气象万千、略知一二等。

（3）含三个数字的数字习语模式为 $C_3=N_1+N_1+M_1+N_2$。例如，九九归一等。

（4）含四个数字的数字习语有以下两种模式。

第一，C_4（1）$=N_1+N_1+N_2+N_2$。例如，千千万万、三三两两等。

第二，C_4（2）$=N_1+N_2+N_1+N_3$。例如，一五一十等。

（5）含五个数字的数字习语可归纳为以下公式：$C_5=M_1+M_2+N1+N_2+N_3+N_4+N_5$ 或者 $N_1+N_2+N_3+N_4+N_5+M_1$。例如，九九八十一难、不管三七二十一等。这种类型的数字习语较为罕见。

（二）英汉数字文化内涵对比

1. 英汉基本数字的文化内涵比较

（1）英语数字 one 与汉语数字“一”。在英语中，与 one 有关的习语有很多。例如：

quick one 干一杯

for one 举例来说

one and all 大家，所有的人

one for the road 最后一杯

rolled up into one 集……于一身

on the one hand 一方面

looking out for number 谋求自身的利益

taking care of number one 为自己的利益打算

one in a million 百万中挑一

one of those days 一段倒霉的日子

one of those things 命中注定的事

one good turn deserves another 一报还一报，善有善报

number would have been up 节数就要尽了

one lie makes for many 说一谎需百谎圆

在汉语中，数字“一”是所有数字的第一个，人们将“一”视为万数之首。这种思想在道教以及佛教中都可以找到渊源。从古至今，中华民族经历了数次分分合合，从一次次的分裂走向一次次的联合，每一次联合不仅意味着一种力量的重聚，更意味着人们逐渐增强的团结心和意志力。

在现代社会，“一”的思想在人们的生活中具有重要表现。汉语中由“一”构成的习语数量很多。例如，一了百了、一往无前、一心一意、一叶知秋、一本万利、一如既往等。再如，“一失足成千古恨”“一唱雄鸡天下白”“救人一命，胜造七级浮屠”“一年之计在于春，一天之计在于晨”。

（2）英语数字 two 与汉语数字“二”。在英语文化中，每年第二个月的第二天对冥王（Pluto）而言十分重要，因而 two 很多时候并不是一个吉祥的数字。总体来说，英语中 two 具有褒义和贬义两重色彩。例如：

two can play at the game 这一套你会我也会

two’s company，three’s none 两人成伴，三人不欢

it takes two to tango 有关双方都有责任

two wrongs don’t make aright 不能用别人的错误来掩盖自己的错误

be of two minds 三心二意

put two and two together 综合起来推断

in two shakes of a lamb’s tail（as quickly as possible）马上

be in two minds about something 决定不了

stick two fingers up at somebody 指对某人很生气，或不尊重某人、某事

There are not two ways about it. 别无选择 / 毫无疑问的。

在汉语中，数字“二”为偶数之首，受道教和佛教的影响，中国人自古就喜欢偶数，人们认为偶数是一种圆满的象征。偶数虽然受到中国人的喜爱，但是数字“二”在汉语中的使用却不多见，其多以其他形式出现，如“两”“双”等。例如，成双成对、两面三刀、两全其美、两情相悦、两小无猜、两袖清风等。

（3）英语数字 three 与汉语数字“三”。在英语数字文化中，three 占有重要地位，西方人将 three 视为“完整”的象征，three 在英语中可以表达“起始、

中间和结果”之意。西方人对 three 的看法与汉语中“三生万物”的观点具有一定相似性。西方人认为世界由三个物质构成，即大地、海洋和天空（earth，sea，air）；人体具有三重性，即肉体、心灵、精神。英语中关于 three 的习语有很多。例如：

three-ring circus 热闹非凡

three score and ten 古稀之年

three in one 三位一体

a three-cornered fight 三角竞争（有三个角逐者参加）

three times three 连续三次三欢呼

three sheets in the wind 飘飘欲仙

three score and ten 一辈子

give three cheers for 为……欢呼三声

three Magi 向初生基督朝圣的东方三大博士

When three know it，all know it. 三人知，天下晓。

All good things go by threes. 一切好事以三为标准。

This is the third time；I hope good luck lies in odd numbers. 这是第三次，我希望好运气在单数。

The third time's the charm. 第三次准灵。

（4）英语数字 four 与汉语数字“四”。英语中的 four 这一数字在历史上具有很多含义，但是其最基本的含义一般为物质世界的要素表达。例如：

the four corner of the earth 四个角落

the four freedoms：freedom of speech，freedom of warship，freedom of want，freedom of fear 四大自由：言论自由、信仰自由、不虞匮乏的自由、免于恐惧的自由

在汉语中，“四”的读音为 /sì/，而“死”的读音与其有些相似，因此有些人认为数字“四”代表着不吉祥，对于与“四”相关的事物总是避而不及。

实际上，中国古人对于“四”不像现代人那样厌恶。相反，在中国传统文化中，“四”具有的都是积极意义。例如，儒家思想中以“孝、悌、忠、信”为四德。除此之外，汉语在自然界以及方位的表达中都经常使用“四”。在汉语中，“四”还是一个平稳的数，如四条腿的桌子、椅子具有很高的平稳性，即“四平八稳”。然而，在俗语中，数字“四”与“三”一起时则通常表示贬义。例如，说三道四、七个铜钱放两处——不三不四等。

（5）英语数字 five 与汉语数字“五”。西方人认为 five 是不吉祥的，因

此英语中 five 的构词能力远不及其他数字那么多。但有一点需要注意的是，与 five 有关的星期五 Friday 在英语中却有很多用法和意义，这主要基于宗教原因。西方人多信仰基督教，耶稣在星期五被罗马统治者钉死在十字架上，因此人们认为星期五是耶稣的受难日。英语中关于 Friday 的习语也有很多。例如：

Friday face 神色不佳之人

Pal Friday 极受信赖的女秘书

Girl Friday 得力助手（尤指女秘书）

Man Friday 男忠仆

Good Friday 耶稣受难日，复活节前的星期五

汉语数字“五”在中国的文化传统中占有重要地位，具有深远影响。中国古代以“金、木、水、火、土”为自然界的五大元素，称为“五行”。“五行”相克相生，即五行之中，金克木，木克土，土克水，水克火，火克金；金生水，水生木、木生火，火生土，土生金。数字“五”在一至九中居正中间，“五”为奇数和阳数。五行相克体现了汉民族的一种价值观，这是一种辩证思维的体现。五行学说对我国的哲学具有一定的影响。汉语中与“五”相关的说法有很多。例如：

五德：温、良、恭、俭、让

五谷：黍、稷、麦、菽、稻

五味：酸、甜、苦、辣、咸

五色：青、赤、白、黑、黄

五音：宫、商、角、徵、羽

五度：分、寸、尺、丈、引

五服：斩衰、齐衰、大功、小功、缌麻

五经：《周易》《尚书》《诗经》《礼记》《春秋》

五官：耳、眉、眼、鼻、口

五脏：心、肝、脾、肺、肾

五刃：刀、剑、矛、戟、矢

除此之外，数字“五”常与其他数字并用，如三五成群、五湖四海、三皇五帝、五花八门等。数字“五”的意义一般为褒义，但是也有人因为数字“五”与“无”“乌”的发音相似，因此开始讨厌数字“五”。

其实，对于数字“五”的厌恶在古代早已有之。古汉语中的一句谚语就是很好的佐证：“善正月，恶五月”。自周代以来，民间一直就有“五月五日生子不举”的说法，因此“五月五日”也就成了禁忌日期。随着时代的进步，人们对数字“五”的禁忌也在逐渐减少。

（6）英语数字 six 与汉语数字“六”。英语国家的人们对数字 six 往往避之不及，认为任何与 six 有关的数字都有不祥的寓意。例如，“666”在基督教文化中是撒旦的代名词；耶稣受难的 Friday 的字母数之和为 six；肯尼迪被暗杀的日子为 11 月 22 日，这几个日期的数字之和正好为 six。由此可见，six 在英语文化中具有贬义的内涵。这一点从以下习语中也能体现。

six penny 不值钱的

six of best 一顿毒打

six and two three 不相上下

hit for six 彻底打败，完全击败

at sixes and sevens 乱七八糟；糊涂的；迷茫的

six of one and half a dozen of the other 半斤八两；两者没什么不同

six to one 六对一（表示很有把握），十有八九；相差悬殊

six of the best 以藤鞭击六下（学校的一种惩罚手段）

the six-foot way 铁路（两条铁轨之间的距离 six-foot）

与英语中的 six 不同，汉语中数字“六”则具有很多积极、和谐的寓意，有很多关于“六”的习语。例如，六六大顺、六合之内、六合同风等。俗语中有“眼观六路、耳听八方”，“六路”即六合，指前、后、左、右、上、下或天地四方。《周礼》中有“六仪”，指古代的六种礼节。

六亲：父、母、妻、子、兄、弟

六行：孝、友、睦、姻、任、恤

六神：日、月、雷、风、山、泽

六畜：牛、羊、马、鸡、狗、猪

六欲：色欲、形貌欲、威仪姿态欲、言语音声欲、细滑欲、人相欲

人们在日常生活中对“六”也很喜爱，在农村人们喜欢在农历的初六、十六、二十六等举行婚礼。中国人对于数字“六”的喜欢在很多方面都有体现，如人们在选择自己的手机号码甚至车牌号时，对于尾号以及其中带有数字“六”特别青睐。人们希望用这些号码为自己讨一个好运，希望自己能够一切顺利。

（7）英语数字 seven 与汉语数字“七”。在西方文化中，seven 的文化内涵很丰富。在西方文化中，人们讲究七种美德，并认为人生有七个时期，规定了七宗罪。同时，英语中的 seven 与 heaven，无论从拼写还是到读音都很接近，因此备受英美人士的喜爱。例如：

in one’s seventh heaven 在无限幸福和快乐中

the seventh son of a seventh son 第七个孩子生的第七个孩子（天赋异禀的

后代；极为显要的后代）

除此之外，在英国，许多人认为人的身心状况每七年会有一次重大变化，孩子七岁时思想性格会发生很大的改变，同时有“七岁看老”之说。

在汉语文化中，数字“七”通常被视为神秘的数字，其文化内涵也十分丰富。“七”还被视为女子生命周期各个阶段的标志。例如，《黄帝内经》中记载：“七月乳牙生，七岁恒牙长，十四（七的二倍）初潮来，四十九（七的平方）丧失生育能力。”

在汉语文化中，“七”还经常与“八”连用。例如，七零八落、七拼八凑、乱七八糟、七手八脚。这些说法多含贬义，比喻杂乱、无序。

此外，关于七的神秘说法还有很多，如天有“七星”，人有“七窍”，神话有“七仙女”“七夕节”，古诗有“七律”“七言”“七绝”等。

（8）英语数字 eight 与汉语数字“八”。西方人对数字“八”有一种流行的解释，认为 eight 像两个戒指上下靠在一起，竖立代表幸福，横倒是无穷大的符号，两者意义融合为“幸福绵绵无穷尽”之意。

在弹子迷中，eight 是个不吉利的数字。此游戏中的 8 号黑球通常是一个危险的球，如英语中 behind the eight ball 表示“处于困境或不利地位”。

在汉语文化中，“八”是一个非常受欢迎的数字，因为它与“发（财）”谐音，而后者代表着财富、美好和富足。不管是门牌号、房间号、手机号还是日期等，只要其中含有“八”都会被人们看作是大吉大利的。例如，“518”因与“我要发”谐音而成了众多商家竞相争夺的电话号码、车牌号码、手机号码等。日期中凡是月份数或具体日数中含有“八”的无一例外被大家看作绝佳的良辰吉日。此外，“八”字还常用于给事物命名。例如，食品名称有“八宝粥”“八珍”；方位名词有“八方”；家具名有“八仙桌”；占卜中有“八卦”的说法；阵形有“八卦阵”；文章有“八股文”；军队名有“八旗”。

（9）英语数字 nine 与汉语数字“九”。在西方文化中，nine 是个神秘的数字，根据毕达哥拉斯学派的观点，“3”代表三位一体，3 个“3”则可构成一个完美的复数，因而 nine 的文化内涵也很丰富。在传统的西方文化中，nine 通常表示愉快、完美、长久、众多等。例如：

be dressed up to the nines 打扮得很华丽

on cloud nine 得意扬扬；心情非常舒畅

crackup（flatter/honor/praise）to the nine 十全十美

a stitch in time saves nine 一针及时省九针；及时处理事半功倍

A cat has nine lives. 猫有九条命。

在西方神话传说和宗教仪式中，nine 出现的频率也很高。例如，天有九重，地狱分九层。再如，北欧神话里的奥丁神在大桉树上吊了九天九夜为人类赢得了神秘古字的奥秘；诺亚方舟在洪水中漂流了九天才到达亚拉腊山顶。

然而，历史上的盎格鲁 - 撒克逊人却将 nine 视为不吉利的数字，常用它来治病、占卜或驱除魔法。

在汉语文化中，数字“九”通常被视为“天数”。“九”和“久”谐音，因此封建帝王常借用“九”来预示统治的万世不变、地久天长。最为典型的要数故宫的建筑，其中有九千九百九十九间，三个大殿内设有九龙宝座，宫门有九重，宫殿和大小城门上金黄色的门钉都是横九排、竖九排，共计九九八十一个。故宫内宫殿的台阶也都是九级或九的倍数。天坛是皇帝祭天的场所，其圆丘、栏杆以及圆丘上的石块数目也都是九或九的倍数。在民俗文化中，“九”也被视为吉利的数字。例如，农历九月九日，两九相重，都是阳数，因此称为“重阳”。

此外，中国传统文化中常将最高、最古、最多、最远、最深、最大的事物以“九”冠名。例如，一言九鼎、九霄云外、数九寒天、九五之尊、九死一生、三教九流、九州四海等。

（10）英语数字 ten 与汉语数字“十”。在西方文化中，ten 更多倾向于褒义色彩。根据毕达哥拉斯学派的观点，ten 是头四个自然数之和（1+2+3+4=10），代表全体和完美。它是前九个数字朝一的回复，预示着万物起源于它，也将回归于它。英语中也有一些和 ten 相关的词汇。例如：

ten to one 十之八九

the upper ten 社会精英

feel ten feet high 趾高气扬

在中国文化中，“十”也是个吉祥的数字，备受人们的喜爱。

早在东汉时期，经学家、文字学家许慎在《说文解字》中就将“十”的笔画进行了分解，“横为东西，竖为南北，则四方中央备矣。”“十”也常被视为完美的象征，有很多和“十”相关的词语。例如，十全十美、十分、十足、十拿九稳等。

2. 英汉基数词与序数词的文化内涵比较

在英汉两种语言中，存在着很多有关基数词和序数词的习语表达，它们在数量和文化内涵层面也存在着诸多差异。

（1）英语基数词和序数词构成的习语数量很多，其中序数词构成的习语占总量的 42%，在英语 1 ～ 20 之间的数字中，只有 thirteen，fourteen，sixteen，seventeen 四个数字没有基数词的习语，其他主要集中在前面的七个数字之中，即 one，two，three，four，five，six，seven。例如：

one and only 唯一

be at one 意见一致

on all fours 匍匐着

one or two 一两个

take five 休息一会

seventy times seven 很大的数目

英语中的序数词构成的习语集中在 first，second，third，fifth 这四个数字上。例如：

take the fifth 拒绝回答

second birth 精神上重生

first and last 总而言之

the third degree 刑讯，逼供

（2）汉语中的数字习语主要由基数词构成，序数词组成的习语很少。例如，一蹶不振、一知半解、一言一行、一时半刻、一鳞半爪等。

二、英汉数字文化互译

（一）保留数字直译法

运用保留数字的直译策略翻译英汉数字习语，不仅有利于保留数字的文化意象，而且能在很大程度上弥补汉语数字习语典故在英语中的语义空缺的情况，使译文更加通俗易懂。例如：

with seven mouths and eight tongues 七嘴八舌

It takes ten years to grow trees，but a hundred years to rear people.

十年树木，百年树人。

（二）保留数字套用法

保留数字套用法是利用人类思维认知的共通性，将汉语中一小部分习语套用英语中和其相同的部分。这种翻译方法有以下两种情况。

（1）数字的大小可能会发生改变。例如：

six of one and half of a dozen 半斤八两

It takes two to make a quarrel.

一个巴掌拍不响。

（2）套用还可以完全摒弃数字的文化意象，采用译入语中固有的表达来

译。例如：

The pot calling the kettle black.

五十步笑百步。

Throwing caution to the wind.

不管三七二十一。

结合以上两种情况，对习语中数字是保留还是替换，译者应根据具体的情境和译语语境。

（三）通俗共用翻译法

通俗共用的翻译策略主要是针对英汉数字习语中内容和形式相近的同义数字而言的。这种翻译方法不仅能尽可能地传达原作内容、形式与色彩上的风格，还可以迎合译语在这些方面的风姿，进而达到通俗共用的效果。例如：

in twos and threes 三三两两

kill two birds with one stone 一举两得

（四）舍弃数字意译法

舍弃数字意译法是指保留数字习语所表达的意义，可适当摆脱形式的限制。这种翻译方法在很多情况下都适用，但可能会丢弃原文形象的表达。例如：

to experience many hardships 过五关斩六将

Your standing is very high in the world of business and you are plenty of contacts.Really，you are very well connected.

你在工商界威望很高，关系又多，真是四通八达。

本例中“四通八达”本义是指通畅无阻、交通便利，四面八方都通达。但此处是夸张的说法，旨在表达一个人的人脉好，关系网密，运用舍弃数字意译法能够很好地传情达意，也利于英语读者把握原文真正的意思。

第二节　英汉色彩文化对比与翻译分析

一、英汉色彩文化对比

（一）英语 white 与汉语“白”

1. 英语中的 white

西方文化中，white 的文化内涵非常丰富，主要表现在以下几个方面。

（1）象征纯洁、清白、光明等。英语国家在婚礼上会穿白色的婚纱，以示新娘的纯洁无瑕。此外，white 还象征爱情的忠贞不移，如 white rose of innocence/virginity。

（2）象征幸运、善意。例如：

a white day 吉日

days marked with a white stone 幸福的日子

a white lie 善意的谎言

（3）表示正直、合法。英语中的 white 可引申出“正直”等含义。例如：

a white man 忠实可靠的人

a white spirit 正直的精神

stand in a white sheet 忏悔

white hope 被寄予厚望的人或事

white light 公正无私的裁判

white-handed 正直的

（4）英语中的 white 也不总是用来象征美好的事物，有时人们也会用它来表示负面影响或消极情绪。例如，在战争中，失败一方会打出白旗（white flag）以示投降；在斗鸡中，认输的一方会竖起颈上插着一根长长的有点白色的羽毛，于是就有 show white feather 的表达。再如：

white trash 指没有文化、贫穷潦倒的美国白人

white night 不眠之夜

2. 汉语中的“白”

在中国文化中，白色有着丰富的文化内涵，主要表现如下：

（1）代表纯洁、素洁、纯净。例如，《增韵》中记载：“白，素也，洁也。”白色还代表没有任何额外的东西。例如，白条、白汤、白水。

（2）在中国古代，平民经常穿的就是没有任何修饰的白布衣服。“白衣”代表没有文化和身份的贫民。

（3）在中国民俗里，丧事要穿白色孝服，白色代表着肃杀、死亡，是丧事的标志。

（4）表示落后、反动、投降。白色在其发展过程中受政治的影响，从而具有腐朽、反动、落后的象征意义。例如，“白色恐怖”指反动政权制造的镇压革命的恐怖氛围，“白军”指反动军队。

（5）在现代社会中，白色是对女性美和婴幼儿健康标准的评判。人们普遍认为美丽的女性应该看起来白，因此在中国有“一白遮百丑”的说法，而人们对婴幼儿的一个褒义评判标准也是“又白又胖”。

（6）表示奸邪、阴险。例如，忘恩负义的人被称为“白眼狼”；在京剧脸谱中，白色表示阴险奸诈，如戏剧中演奸臣的角色被称为“唱白脸”。

（二）英语 yellow 与汉语“黄”

1. 英语中的 yellow

在西方文化中，yellow 作为普遍存在的颜色，其内涵存在褒、贬两个层面，其中贬义色彩更为浓厚一些。英语中 yellow 的贬义含义主要体现在以下几个方面。

（1）表示胆怯、懦弱。在英语中，黄色能带给人们喜悦、兴高采烈的心情，但有时也能使人情绪不稳定，常与懦弱、卑怯有关。例如：

yellow dog 懦夫，胆小鬼

yellow livered 胆小鬼

yellow streak 性格中的怯懦

（2）表示警告、危险。例如：

yellow line 黄色警戒线

yellow flag 黄色检疫旗

yellow warning 黄色警告

（3）表示疾病或指秋天的落叶萧条、死亡或枯黄。例如：

yellow blight 枯黄病

yellow leaf 枯叶

yellow fever 黄热病

（4）表示不值钱的、廉价的、无用的。例如：

yellow covered 指（法国出版的）黄色纸张印刷或黄色封皮的廉价小说。

（5）表示非法合约名称或机构名称。例如：

yellow-dog contract（美国俚语）（劳资间签订的）劳方不加入工会的合约

Yellow Union 黄色工会，常待命出动破坏罢工

yellow 在西方文化中的褒义内涵则主要体现在以下两个方面。

（1）象征财富。例如：

yellow 金币

（2）表示荣誉或竞技。例如：

yellow jersey 环法自行车赛冠军所得奖品

yellow ribbon 士兵团结一致的战斗精神

此外，在美国，黄色还表示怀念、思慕和期待远方亲人归来的意思。例如，yellow ribbon 除了表示战斗精神，还指人们在书上、车上或其他地方挂的黄色丝带，用来表示希望正在国外处于困境的亲人早点归来。

2. 汉语中的“黄”

在中国文化中，黄色是一种特殊又矛盾的有代表性的颜色。可以说，黄色自古以来就与中国传统文化有着不解之缘。而从古代到现代，人们也赋予了黄色一些极其不同的文化联想意义。具体来说，黄色的文化内涵主要有以下几种：

（1）象征皇权、尊贵。在中国，黄色常常象征着地位的高贵。特别是在中国封建社会中，黄色是皇权的象征，是权利的标志。例如，“黄袍”是天子穿的衣服，“黄榜”是指皇帝发出的公告。再如，在古代建筑中，只有皇宫、皇陵才可以使用黄色琉璃。由此可见，黄色是尊贵的。

（2）象征神灵。“黄”在传统的中国文化中还带有一层神秘色彩，即象征神灵。例如，“黄道吉日”是指宜办喜事的吉日，“黄表纸”是祭祀神灵时烧的纸，“黄泉”是指阴间。

（3）象征富足。中华民族发源于黄河流域，又由于金子与成熟的谷物呈黄色，因此黄色还是富足的象征。古时大户人家常使用各种黄金器皿，佩戴各种黄金首饰，以此显示其富有或显赫的地位。

（4）象征稚嫩。婴儿的头发是细细的黄毛，所以黄色可以用来指幼儿，如“黄童白叟”。另外，黄色也常用来讥诮未经世事、稚嫩无知的年轻人，如“黄口小儿”“黄毛丫头”等。

（5）在中国戏剧中，黄色脸谱代表着凶猛和残暴。

（三）英语 red 与汉语“红”

1. 英语中的 red

在西方文化中，red 的负面含义更加明显，主要表现如下。

（1）表示“负债、亏损”。在西方，当账单、损益表中的净收入是负数时，人们会用红笔表示出来以突出显示。因此，red 可以表示“负债、亏损”。例如：

red figure 赤字

in the red 亏本

red balance 赤字差额

（2）表示“暴力、流血”。红色如血，因此西方人常将 red 与流血、暴力、危险、激进联系在一起。例如：

red alert 空袭报警

a red battle 血战

red revenge 血腥复仇

the red rules of tooth and claw 残杀和暴力统治

red hot political campaign 激烈的政治运动

（3）表示愤怒、羞愧。人生气或害羞的时候会脸红，因此 red 也常指愤怒、羞愧的感情。例如：

to see red 使人生气

become red-faced 难为情或困窘

waving a red flag 做惹别人生气的事

除此之外，red 在西方文化有时也作为褒义词，表示尊贵、荣誉、尊敬。例如，在电影节开幕式或欢迎他国首脑的仪式上，主办方常铺红毯（the red carpet）以迎接来宾。

2. 汉语中的“红”

红色是中国人最为喜爱的喜庆色，是一种被人们崇尚的颜色，通常具有积极的文化内涵，主要表现如下。

（1）红色在中国人眼中首先象征着热烈、欢快、喜庆、吉祥、吉兆、财运等。在中国古代，王公贵族所居住的豪宅大院的大门多漆为红色，用以象征富贵。如今，中国人在结婚、过节、欢庆时都用红色作为装饰色调。例如，过节要贴红对联、挂红匾、剪红彩；生孩子要送红鸡蛋；结婚要贴红喜字，用红被面、红枕头等。人们在本命年时，不论大人还是小孩，都要扎上红腰带，认为这样可以避凶消灾。

此外，表示兴旺和发达的词有“开门红”“红光满面”“红日高照”“满堂红”“红利”“红包”“分红”等；表示成功和圆满的词有“走红”“演红了”“红得发紫”“红极一时”等。

（2）红色在中国文化中还有忠诚的含义，尤其是在戏剧中，红色是正义忠良的色彩。例如，关羽在戏剧中是红脸人物，被视为忠心耿耿的英雄。此外，中国人还常用“一片丹心”“赤子”“赤胆”“红心”等来称赞英雄，激励自己。

（3）由于红色与血、火的色彩相联系，因此在中国红色还用来代表革命，这使红色被抹上了一层政治色彩。例如，20 世纪中国共产党所领导的战争时期就有“红军”“红心”“红旗”“红区”“红领章”“红色政权”“红色根据地”“红色资本家”等词。

（4）红色在现代汉语中还象征着青春、健康和积极向上。例如，“红光满面”“红润”等。

总之，不仅中国人十分喜爱红色，在西方人眼里，红色也是中国独具特色的文化象征之一。当然，红色在汉语文化中也可作为贬义。例如，红色可以表达某种消极情绪，如“面红耳赤”“脸色通红”“眼红”等。

（四）英语 black 与汉语“黑”

1. 英语中的 black

在西方文化中，black 常被当作“死亡之色”，可见其贬义色彩更为浓厚一些。英语中 black 的文化内涵主要体现在以下几个方面。

（1）象征悲痛、死亡和苦难。欧美国家的人认为黑色能使气氛显得庄严肃穆，令人肃然起敬，是丧礼时的专用色彩。例如，黑色面纱、黑色眼镜、黑色围巾用于表示对死者的哀悼。

（2）常用于描述态度不好、心情坏、脸色差或状况不明。例如：

black-browned 愁眉苦脸的

to be in a black mood 生气，发脾气

be/go black in the face 非常生气

再如，Black Tuesday 指的是 1987 年 10 月 19 日星期二那天华尔街股市崩溃，进而引起世界各地股市的接连崩溃这一特定的历史事件。black economy（黑色经济）指国家经济的一部分，但是建立在未申报收入的基础上，且无法估计税额，实际上属于非法收入。

（3）表示“耻辱、不光彩、邪恶、犯罪”。例如：

Black Man 邪恶的恶魔

a black eye 丢脸、坏名声

black guard 恶棍、流氓、坏蛋

black deeds 卑劣的行为

black lie 阴险的谎言

black-leg 骗子、工贼

black magic 邪恶的魔力

（4）象征着隆重、严谨和谦虚。black 以其色调暗、朴素而沉稳，是西方传统服装的主色。例如：

black suit 黑色西装

black dress 黑色礼服

（5）表示“盈利”。这里的用法正好与 red 相对，西方人习惯以记账通用的黑色字体来标注盈利的数字，因此就有了 in the black（盈利、有结余）的说法。

（6）在《圣经》文化中，black 象征邪恶、妖魔和黑暗。例如：

black box 黑匣子（意味着灾难或不幸）

（7）表示没有希望。例如：

black news 坏消息

the future looked black 前景黯淡

此外，black 还有许多引申义。例如：

black tea 红茶

black mouth 诽谤者

Black Hand 黑手党；从事犯罪活动的黑社会组织

black humor 黑色幽默

a black-letter day 倒霉的一天

2. 汉语中的“黑”

“黑”是诸多基本颜色中最为常见的一个，也是颜色词汇中含义较多的一个。在中国的传统文化中，黑色的文化内涵十分复杂，也是褒贬共存的。一方面，黑和白普遍被认为是黑暗和光明的对立象征，因此其本身并不被喜欢；另一方面，黑色中性特质所表现出的庄重内涵又为人所崇尚。具体来说，汉语文化中的黑色主要有以下几种文化内涵。

（1）象征尊贵、庄重。在春秋时期，黑色是官员上朝时所穿的朝服的颜色，古书《毛诗故训传》就有这样的解释：“缁，黑色，卿士听朝之正服也。”这是指古代用黑色帛做的朝服，以显其尊贵、庄严的气势。可见，黑色在古代的地位并不低。即使在今天，黑色仍具有“庄重、显贵、正式”的含义。例如，一般的公务车是以黑色为主导色彩，因为人们认为黑色显得沉稳厚重，能给人留下身份显赫的印象。

（2）象征刚直不阿、公正无私。在戏剧舞台上，人们一般用黑色或以黑色为主色调来表示刚直不阿、严正无私和憨厚忠诚的人物特点，如包拯、李逵、尉迟恭、张飞等人的脸谱色彩都是黑色。

（3）黑色常使人联想起黑夜，因此就有了负面的联想。当人们想起黑夜时，会感到恐怖和无助；当人们看到一些黑色的动物和鸟类，如乌鸦、猫头鹰、猪时也会产生厌恶之感。此外，中国人认为黑色是地下冥间的色彩，鬼之色就是黑色。

（4）黑色还象征着反动、邪恶等。在现代汉语中，有很多用黑色来表示的词语都说明了“黑”不受欢迎的一面。例如，“黑手”“黑话”“黑幕”“黑市”“黑户”“黑店”“黑心”“黑帮”“黑货”“黑会”“黑枪”“黑金”“黑账”“黑交易”“黑道”“黑车”“抹黑”“黑社会”“黑势力”“背黑锅”“黑爪牙”“黑干将”“黑名单”等。

（五）英语 blue 与汉语“蓝”

1. 英语中的 blue

在英语中，blue 的文化内涵主要表现在以下几个方面。

（1）blue 象征着荣誉和对美好事业的追求，被视为当选者或领导者的标志。例如：

blue book 蓝皮书（用于刊载知名人士）

blue ribbon 蓝带（象征荣誉）

（2）blue 象征博大、力量、永恒。常让人联想到天空和大海等博大的事物。例如，常将苍天和大海称为 the blue。

（3）蓝色也用于表示反面的含义，如悲哀、空虚、阴冷、抑郁等。例如：

in the blue mood/having the blues 情绪低沉；烦闷；沮丧

blue devils 蓝魔（沮丧、忧郁的代名词）

a blue Monday 倒霉的星期一

blue about the gills 脸色阴郁；垂头丧气

blues 曲调忧伤而缓慢的布鲁斯

此外，还有一些带有 blue 的英语短语。

blue chip 热门股票，蓝筹股

a blue-collar worker 体力劳动者

a bolt from the blue 晴天霹雳

blue-pencil 校对，删改

blue with cold 冻得发紫

till all is blue 彻底地

into the blue 无影无踪；遥远地

2. 汉语中的“蓝”

在自然界的色彩中，蓝色给人以轻快明亮的感觉，这是因为大海、天空均为蓝色。但是，以蓝色为核心的词语构成在汉语中是十分匮乏的。无论是在古代汉语还是现代汉语中，“蓝”字通常都是就事论事地使用，没有其他的引申义，如《荀子・劝学》中的“青，取之于蓝而青于蓝”，白居易《忆江南》中的“日出江花红胜火，春来江水绿如蓝”。

如果说象征意义的话，在现代，蓝色的一个比较常见的代表意义是“依据”。例如，“蓝本”原本是指书籍正式复印之前为校稿审订而印制的蓝色字体的初印本，后来专指撰写、改编等所依据的底本、原稿。又如，“蓝图”一词源自英语单词 blueprint，原指设计图纸，因其为蓝色而得名，现在也用以喻指建设所依据的设计、规划以及人们对未来的宏大设想等。

此外，在中国文化中，蓝色还用来代表稳重、沉着、勇敢和素净。例如，在传统戏剧中，蓝色的脸谱代表着坚毅、勇敢。

（六）英语 purple 与汉语“紫”

1. 英语中的 purple

在英语文化中，purple 被视为高贵的颜色，其文化内涵主要表现在以下几个方面。

（1）表示“高雅、显贵、优雅、权利与荣耀”。古代的帝王和有权势的高官等都着紫袍。purple 还可以代指那些具有高官头衔的人，甚至是皇族或贵族。例如：

be born in the purple 出生于王室贵族的或身居显位

marry into the purple 嫁到显贵人家

purple passion 暗中被爱着的人

（2）表示“华丽、智慧”。例如：

purple prose 风格华丽的散文

purple passages/patches 文学作品中辞藻华丽的段落；浮词丽句的段落

此外，purple 还可以用于描述情绪。例如，be purple with rage（气得脸色发紫）。

2. 汉语中的“紫”

在中国文化中，紫色（由红色和蓝色合成）虽然不是基本色，但其也具有丰富的文化内涵。

在我国古代，紫色是高贵、祥瑞的象征和标志，因此封建王朝的帝王将相经常使用。古代皇宫即为“紫禁城”。民间传说有天帝位于“紫微宫”（星座名称），因而以天帝为父的人间帝王以紫为瑞。同时，还将“紫气”作为祥瑞之气。因而，直到今天紫色仍有祥瑞之意的文化内涵。

（七）英语 green 与汉语“绿”

1. 英语中的 green

（1）在英语文化中，绿色是植物王国的颜色，因此也代表着青春、生命、希望，是春天的象征。例如：

a green old age 老当益壮

in the green 血气方刚

in the green tree/wood 在青春旺盛的时代；处于佳境

再如，中世纪的画家通常会把十字架画成绿色的，象征着基督带来的新生以及人们死后回归天堂的希望。

（2）表示新鲜。例如：

green meat 鲜肉

a green wound 新伤口

（3）表示“幼稚、新手、没有经验、不成熟、缺乏训练”等。例如：

green hand 新手

as green as grass 幼稚

to be green as grass 幼稚，无经验

Do you see any green in my eye？

你以为我是幼稚可欺的吗？

You are expecting too much of him.He’s still green，you know.

你对他要求太高，他还没经验！

（4）表示“妒忌”。例如：

green with envy 眼红

green-eyed 害了红眼病；妒忌

在汉语中，表示这一意义用的则是“红”字。

（5）表示“钞票、金钱”。由于美国的钞票以绿色为主色调，因而绿色具有钞票的象征意义。人们称“美钞”为 green back，并由此延伸出 green power（金钱的力量，财团）这一说法。

如今，随着环保意识的深入，东西方现在都认同“绿色”为环境保护的代名词，例如：

green and luxuriant 绿葱葱

make green by planting 绿化

green food 绿色食品

greenish 同情、支持环境事业的人

green consumerism 绿色消费

the Green Revolution 绿色革命

the Greens 保护环境的政治团体

Green Peace Organization 绿色和平组织

2. 汉语中的“绿”

自古以来，绿色是植物的生命之色，通常象征着生机。同时，绿色在光谱中处于中间位置，是一种平衡色。在中国，绿色代表着生命、希望、安全、太平和、和平。

（1）在古代，屈原的《楚辞·九·橘颂》中记载：“绿叶素荣，纷其可喜兮。”

（2）在现代汉语中，绿色一般指没有污染，如绿色能源、绿色旅游、绿色食品、绿色科技、绿色工厂等。“绿”作为颜色以及绿化之意，和英文基本上是对等的。

（3）绿色象征和平。最为典型的例子就是世界和平组织有绿色橄榄枝拥着白鸽的图案，这是和平的象征。

二、英汉色彩文化互译

（一）直接翻译法

对于英汉两种语言中具有相同联想意义的色彩词，在进行翻译时通常可以保留原有形式进行直接翻译。例如：

red rose 红玫瑰

red carpet 红地毯

a dark red blouse 一件深红的罩衫

black market 黑市

black hearted 黑心肠

black list 黑名单

yellow brass 黄铜

grey uniform 灰制服

green tea 绿茶

white flag 白旗

White House 白宫

white terror 白色恐怖

white-collar workers 白领阶层

blue-collar workers 蓝领阶层

The boy flushed red with shame.

这个男孩羞红了脸。

The grey-black clouds had suddenly departed and an expanse of colored clouds had blazed up at the western edge of the sky.

灰黑的云突然遁去，西天边烧起一片云彩。

（二）变色翻译法

这种翻译方法主要用于英汉两种语言经常使用不同的色彩词来表达同一个意思的情况。具体而言，就是将源语的色彩词转换成目的语中与之相对应的色彩词，使其与读者所处的文化背景、语言习惯相符合的翻译方法。例如：

My finger was caught in crack of the door and got pinched black and blue.

我的手指夹在门缝里，压得又青又紫。

本例中，英语中习惯用 black and blue 对遍体鳞伤、伤痕累累进行描述。但是，在汉语中却用“又青又紫”“青一块、紫一块”来表达，如此变色翻译更为恰当。再如：

red sky 彩霞

brown bread 黑面包

brown sugar 红糖

purple wine 红葡萄酒

（三）增色翻译法

增色翻译法指的是源语中并未出现色彩词，译者可以根据目的语的表达习惯增添一个或几个色彩词使其与源语相近或相似。例如：

red-Letter day 重要的日子 / 节日

red tape 繁文缛节

black future 黯淡的前途

make a good start 开门红

wedding and funeral 红白喜事

He is a popular singer and in fact he becomes even more popular after the competition. 他是个当红歌星，事实上经过那次比赛他就更红了。

His eyes became moist. 他眼圈红了。

（四）删色翻译法

有时候，英汉两种语言中的一部分色彩词无法进行直译，也无法替换色彩词进行翻译，此时可以去掉色彩词进行意译，以便更准确地表达本意。例如：

evil mind 黑心肠

honor roll 红榜

good luck 红运

a black look 怒目

red ruin 火灾

She is green with jealousy. 她醋意大发。

I dislike John，for he is a yellow dog. 我讨厌约翰，他是个卑鄙小人。

He has white hands. 他是无辜的。

He is a white-haired boy of the general manager. 他是总经理面前的大红人。

第九章　跨文化交际能力的培养与英语思维构建

第一节　跨文化交际与思维构建

一、跨文化交际中的认同

（一）文化认同

文化认同（cultural identity）主要指个人对于一个特殊文化或者族群所具有的归属感。文化认同包括对本族文化与异质文化的认同。对文化本体的认同、对家庭、家族等血缘关系的认同等都属于对本族文化的认同。这类认同主要经由社会化过程（socialization）而自然形成。一经社会化，我们也就与自己的文化群体相融合，建立了对本族文化根深蒂固的归属感。

（二）社会认同

社会认同（social identity）是个人在一定文化范围内，因为隶属于某个团体而形成的。只要个体能够接受团体成员共同认同的看法与关心的事，对该团体的归属感就产生了。

社会认同是自我概念的一部分，起源于一个或者多个社会团体的成员身份以及对该团体的相关评价。也就是说，自我概念的形成一则来源于对个人的认同，另一则来源于对自己社会身份的认同以及他人对自己社会身份的认同。下面，我们将介绍与社会认同相关的两个核心概念以及社会认同理论，它们对于跨文化交际研究有着显著影响。

二、跨文化交际中的文化迁移

文化迁移是跨文化交际中一个十分重要的问题，它不仅会直接影响交际的效果，甚至还会引起交际障碍和冲突，是交际过程中不容忽视的因素。不同的民族有不同的文化，不同的文化之间既有联系又有区别，既有各自的个性又有普遍的共性。共性为跨文化交际提供了依据和保障，进而引起文化的正迁移或零迁移；个性却构成跨文化交际的障碍，进而引起文化的负迁移。

（一）导致文化迁移现象的因素

文化背景、思维方式、地理环境、宗教信仰的不同会导致文化迁移现象。例如，汉语中的“三个臭皮匠，胜过诸葛亮”就是历史的因素带给语言文化的内容。对中国读者而言，他们都知道诸葛亮是中国历史上的著名人物，是智慧的象征。而对外国读者来说，他们就很少知道了。同样，英语中的成语 meet one's Waterloo（败走麦城）也是源于历史事件的成语。古代中国是一个内陆的农业国家，土地至关重要，因此汉语中有许多与土地有关的词语，而英国是个四面环海的岛国，因此英语中与海有关的词语俯拾即是，例如：

In a calm sea，every man is a pilot. 海面平静处，人人是舵手。

His mood underwent a considerable sea change. 他的情绪发生了巨变。

a sea of debt 大量的债务

be at sea 不知所措

美国人喜欢谈论棒球、足球和篮球，在他们的日常用语中的许多比喻都与球类运动有关，例如：

You have to keep your eye on the ball if you want to stay in the game. 想要打好比赛，眼睛就要盯着球。

Dropped the ball. 要做的事情没有做好。

Drop bade and punt. 放弃目前策略做点别的事情。

To score points. 对某人有好的印象。

To throw a curve. 做出人意料之事。

To cover the bases. 考虑全盘。

Can't get to first base. 迈向目标的第一步未能完成。

To hold the line. 坚定，不妥协。

To strike out. 失败。

在实践中准确理解和运用这些具有文化特色的表达法可以增进彼此的感

情，避免两种语言文化中由于地理环境差异而造成的负面迁移。又比如，devil指的是邪恶的神、魔鬼，这与中国神话中的阎王相距甚远，阎王作为阴间之神，不仅掌握着世间百姓的生死，还给鬼魂生前的行为做出判决，是一个奖罚分明的神话人物。

（二）文化迁移模式

1. 文化负迁移

文化负迁移按其文化意值可分为以下3种，即文化信息的增值、文化信息的减损以及文化信息的误解。文化信息的增值是指交际的一方或双方获得的文化信息量超出了说话者所赋予的文化意值，即受话者除了赋予说话人所要传达的意值以外，还附加了说话者并未传达的意义或受话者把说话者所要传达的某项较弱的意义人为地强化了。比如：

"吃了吗？"在汉语文化中是一种寒暄语，类似于英语的"How are you doing?"。但对不了解汉语文化的英美国家的人来说，"吃了吗？"（Have you had your lunch?）并非是寒暄语，而会理解成对方想邀请自己吃饭，其文化的意值就增加了。文化信息的减损是指交际的一方或双方获得的文化信息量少于说话者所赋予的文化意值，即不是全部信息的意值。文化信息的误解指交际的一方对说话者所赋予的文化意值产生了文化信息误解。比如，对英美国家的人的称赞语，缺乏跨文化交际知识的中国人往往要自谦一番，这是英美国家的人始料不及的并经常使他们陷于十分尴尬的境地。对英美国家的人来说，中国式的谦虚行不通，因为他们夸你好，你说不行，他们会以为你不信任他们。

可能产生文化负迁移的例子：

dog-eat-dog 你死我活的（并非"狗咬狗"而是"同类相残"）

a lucky dog 幸运儿（不可译成"幸运狗"）

a gay dog 快乐的人（不可译成"一只快乐狗"）

as blind as a bat 有眼无珠（不可译成"像蝙蝠一样盲目"）

have bats in the belfry 异想天开（不可译成"钟塔里有蝙蝠"）

as merry as a cricket 像蟋蟀一样快乐（中文里用喜鹊 magpie 表示快乐）

black sheep of the duck 害群之马（不可译成"鸭群里的黑绵羊"）

to eat one's own words 收回自己说的话（不可译成"自食其言"）

to get a kick out of something 欣赏……/从……中得到极大愉快（不可译成"被踢出去"）

to blow one's own horn/ trumpet：炫耀自己（不可译成"各吹各的号"）

套用母语模式进行跨文化语言交际造成文化负迁移：

Good morning，teacher Smith.（应该是 Mr.Smith）

Are you cold?（应该是 Are you OK/all right?）

Where do you live?（这是隐私问题）

I have a question，teacher.（应为 Could I ask a question，Professor Smith?）

Is it a good film?

Of course.（应为 Yes，indeed.）

英汉商贸翻译可能出现的文化负迁移：

同一商标在不同文化语境里的含义会有不同。译者要选取符合译语文化的译文，避免不符合译语文化的译文，否则就会造成文化负迁移。上海太平织造厂造的“船”牌床单，色好质优，在中国周边国家销售行情也一致看好，但如果它的商标被译成“JUNK”，该产品在西方国家便打不开销路，因为 Junk 虽有“船”之意，但也有“废品”之意。中国许多产品喜欢以动物名作为商标，如龙牌酱油、金鸡电池、鹅牌羽绒服、熊猫电器等。动物在中西方文化中有相同的含义，但更多的动物在中西方文化中含义差别很大。如果把“鹅”牌羽绒服译成 GOOSE，看似贴切，实则滑稽。Goose 在英文里另一个含义为“傻瓜”“笨蛋”，这种牌子的产品西方人是不会买的。

如果要把以动物命名的商标翻译成英文，译者应考虑文化因素并根据动物的文化含义的不同做些改变[①]。商贸宣传文本的作用就是传播信息、促进交流。但是由于不同的文化规范，同一信息在甲文化里是积极的含义，而在乙文化里却是消极的意义。译者如果不了解这些不同的文化特点就率尔操觚的话，一定有违原文的初衷。纽马克认为，如果“信息类文本”中出现容易激怒或误导读者的内容，译者最好加以“纠正”。

2. 文化正迁移

文化正迁移是指通过翻译的作用，源语文化中的信息和内容很自然地被目的语文化所吸收和融合。目的语文化因而有了新的内容，变得更加丰富。源语文化中的信息也通过翻译的桥梁作用实现了在目的语文化中的增值和传播。例如：

make a pig of oneself 狼吞虎咽

Pigs might fly.（or：Can pigs fly？）不可能的事。

a lion in the way 拦路虎

beard the lion 虎口拔牙

as majestic as a lion 龙虎生威

① 陈德彰．如何学好英语 [J]. 英语沙龙（初级版）2005（2）：12—13.

a lioness at home 母老虎

cat and dog life 鸡犬不宁

drinking like a fish 牛饮

to cast pearls before，a swine 对牛弹琴或一朵鲜花插在牛粪上

cast sheep's eyes at：送秋波

正迁移在英汉两种文化翻译中的例子很多。较为著名的例子是美国的Coca-Cola，汉语译名为“可口可乐”，它既保持了原词的音韵和响亮，又使汉语消费者一听便知是可口的饮料，广告的效力清晰可见。举世闻名的男装商标Goldlion，其中文译名并非英语的对等直译“金狮”，而是将gold保留原义，而lion一词则采取音译，两种译法结合译成“金利来”。它不但气派恢宏，而且含义大吉大利，符合汉语的文化习惯。

3. 文化零迁移

文化零迁移是指不同的语言文化之间虽然存在差异，但仍有许多共同的因素与成分。原作中的部分信息通过翻译进入目的语的过程仅仅是一个语言符号的转换过程，或者说是在两种语言文化之间寻找对应内容的过程。此时，翻译不会引起信息的增值或新信息的出现，也不会造成信息的减损、歪曲与变异。例如：

burn one's boats 破釜沉舟

The wall have ears. 隔墙有耳。

pour cold water over 给……泼冷水

a stone hits two birds 一石二鸟

as cunning as fox. 像狐狸一样狡猾。

He was a sly old fox. 他是只老狐狸。

as gentle as lamb. 温顺如羔羊。

as busy as bee 忙碌如蜜蜂

as greedy as a pig 贪婪如猪

as fast as a hare 敏捷如兔

make a monkey out of somebody 拿某人当猴耍

A rat crossing the street is chased by all. 老鼠过街，人人喊打。

a wolf in a sheep's clothing 穿羊皮的狼

在跨文化交际中，交际者应该努力促进文化正迁移或文化零迁移，克服文化负迁移。

第二节　跨文化交际能力的培养途径

一、交际能力与跨文化交际能力

交际能力是人类与他者交流和沟通的基本能力，也是跨文化交际能力的基础和前提，而跨文化交际能力则要求交际者除了具备人类基本的交际能力外，还应该具有外语能力和跨文化敏觉力等。

（一）交际能力

“交际能力”这一概念最初来源于社会学，后来延伸到语言学。美国学者海姆斯在《论交际能力》中第一次提出“交际能力”。海姆斯在提出这一概念时侧重语言的得体性，也就是在使用语言的时候应该更注意符合具体社会环境的要求，即时间地点、交际对象、内容，以及谈话方式等。海姆斯认为，交际能力应包含四个方面的内容：①语法的正确性，即语言形式要正确。②语言的可行性，即交际对象在心理上的接受度。③语言的得体性，即交谈时要根据具体环境和对象选择得体的语言。④语言的现实性，指语言实现其交际功能并产生相应的影响。随着“交际能力”概念的提出，语言学家对交际能力发表了各自不同的看法。其中，最具影响力和代表性的是美国的卡纳尔、斯温和欧洲的范艾克。在卡纳尔和斯温的研究里，他们认为，交际能力包括语言能力、社会语言能力、篇章能力和交际策略四个方面。这个观点已经被语言学界的大多数人所认可。范艾克认为，交际能力所涵盖的范围应该更大、更全面。他认为，外语交际能力应该包括：①语言能力；②社会语言能力；③篇章能力；④交际策略；⑤社会文化能力；⑥社会能力。范艾克与卡纳尔和斯温的不同之处在于增加了社会能力和文化能力。这两项能力正是范艾克交际能力研究的精彩之处，精彩在于它道出了交际能力的本质。随着心理学的发展，十年后，巴克曼和帕尔默将交际能力重新划分为语言能力、策略能力和生理心理机制等三个部分。语言能力包括组织能力和语用能力两部分。策略能力是运用语言知识的心理能力，是语言能力与现实世界相沟通的桥梁。生理心理机制是语言交际能力的生理心理基础，是语言交际能力赖以存在和发展的前提。我们要培养学生的交际能力必须考虑学生的生理和心理机制特点。显然，巴克曼和帕尔默的理论把前辈们关于交际能力的理论往前推进了一步。在陈国明的研究中，“交际能力”被称为沟通能力或胜任度（communication competence），而“有效性”

（effectiveness）与“适当性”（appropriateness）则构成了交际能力的主要内涵。有效性意指个人在互动过程中用以产生某种意欲结果的能力；适当性则泛指互动者达到沟通情境的脉络需求（contextual requirements）的能力。

（二）跨文化交际能力

跨文化交际是指具有不同文化背景的人从事交际活动的过程。至于交际的效能如何，主要取决于交际双方的跨文化敏感度、沟通技巧和交际行为的灵活性等，即取决于交际者的跨文化交际能力（intercultural communication competence）。金曾经对跨文化交际能力做过比较具体的界定：跨文化交际能力是个体所具有的内在能力，能够处理跨文化交际中的关键性问题，如文化差异、文化陌生感、本文化群体内部的态度以及随之而来的心理压力等。这种能力并非与生俱来或一蹴而就，必须经由一段教育与学习的过程才能慢慢习得。正如一些学者指出的，在全球化到来的今天，当我们面对日益增长的文化多元互动时，探讨跨文化交际能力的意义与内涵，便日趋重要。唯有经由跨文化交际能力，我们才能在全球化社会里与来自不同文化背景的人们进行有效与适当地沟通。由此可见，跨文化交际能力培养的基本因素和途径是跨文化交际学者和第二语言教师应该关注的重点。根据陈国明的论述：“跨文化沟通能力是沟通能力的延伸。两者的定义大同小异，唯一的区别在于，跨文化沟通能力特别强调情境脉络的重要性。这种对情境脉络的强调，除了重视人与人之间互动的有效性与适当性外，也很注意人与沟通环境之间的互动与双方的文化认同。因此，跨文化沟通能力可以定义为‘互动者谈判文化意义（cultural meanings）与适当地在一个特殊环境下使用有效的沟通行为，以便确认双方多重认同（multiple identities）的能力’”。

二、跨文化交际能力的基本要素

跨文化交际是一个多学科交叉、跨越性很强的新兴学科，这种跨越性决定了跨文化交际能力的立体性。跨文化交际能力是 20 世纪 90 年代针对跨文化交际人才培养提出的一种能力范式，它强调交际者跨文化敏觉力、跨文化意识和处理文化差异的技巧和灵活性。这三个部分不是孤立存在的，它们之间有着紧密的联系和层级关系，即跨文化敏感性处于最低层，处理文化差异灵活性处于最高层，跨文化意识则处于两者之间。换句话说，只有当交际者对各类文化差异萌生了敏锐的意识，才可能产生宽容的文化态度和交际的兴趣，面对不同的跨文化情景进行积极的自我调适，跨文化意识也渐次增强，进而采取灵活自如的处理方式，由此达到很高的跨文化交际效能，据此我们可以看出跨文化能力的培养是由低到高、循序渐进的过程。

（一）跨文化敏觉力

跨文化敏觉力是跨文化交际能力基本要素的第一个要素。有学者指出，跨文化敏觉力（intercultural sensitivity）代表跨文化沟通能力的情感面向，它代表一个人在某种特殊的情境或与不同文化的人们互动时情绪或情感的变化。跨文化沟通的情感面向特别指出，具有跨文化沟通能力的人，能够在互动之前、之中和之后，投射与接收正面的情感反应（positive emotional responses）。这种正面的情感反应最终会把当事人带到认可与接受文化差异的境界。这个过程正是发展跨文化敏觉力的过程。贝内特认为，跨文化敏觉力是个发展的过程。一个人能够在认知、情感以及行为层次把自己从我族中心（ethnocentric）的阶段转化到我族相对（ethnorelative）的阶段。这个转化的过程包括六个阶段：（1）否认文化差异的存在。（2）对抗认知到的威胁以试着保护自己世界观的核心。（3）试图把差异藏匿在文化相似性的伞下，以保护自己的世界观。（4）开始接受文化与行为上的差异。（5）开始发展对文化差异的移情能力并成为双重或多重文化人。（6）能够把我族相对主义用到自己认同之上，而且体验到差异，其实是人生很重要、值得愉悦的一部分。

文化差异的敏感性，不仅是对文化表层，更是强调对文化深层差异的识别能力。文化表层的差异显而易见，不需要特别的训练就可以识别，而文化深层的差异通常隐含在人们的行为和思想中，不易直接观察到。例如，西方人习惯的低情境交际和东方人采用的高情境交际是不易被直观看到的，因此有意识地培养对文化深层差异的敏感性就显得尤为重要，这必须依赖于对不同文化的比较及对文化差异相关知识和经验的积累。

跨文化敏觉力是一个内涵丰富的能力概念，它包含了交际者的自信心、自适力、开明度、中立的态度，以及社交的从容等相互联系的几个层面。

作为一个面对全新异文化的交际者，首先对自己的文化和自身素养要有很强的自信心，这种自信心使交际者在面临各种交际情境时采取乐观积极的态度，从而更易于接受他人和他文化，也较易于被对方交际者理解和接受。同时，自信心让交际者在跨文化交际中遇到挫折、误解或疏离时，能够相对自如地应对这些交际逆境，更快走出交际困境。

跨文化交际的开明度意味着交际者要有多元文化心态，对异质文化应采取宽容理解并尽量去接纳的态度，而不是以自我文化为中心，以自己的文化价值观去衡量评价对方交际者的言行。同时，开明度还包含交际者愿意适当解释对方不易理解和接受的自己的语言和行为，也乐于倾听对方在交际过程中的解释。其实，跨文化交际的开明度即是阿德勒在1977年提出的“多重文化人”。多重文化人能够接受不同于他们自己的生活形态，更能在心理和社交方面掌握住实体的多重性（multiplicity of realties）。换言之，跨文化敏觉力强的人，不仅能够了解一种观念，可以用多种不同的形式来加以表达，并且对世界具有一个内化与广阔的概念。这些都是开放心灵的表征，促使一个人愿意认可（recognize）、感激（appreciate），甚至接受（accept）不同的观点。这种处处为他人设想与承受别人需求的特性，在跨文化交流中，就是相互确认（mutual validation）与认可彼此文化认同的发挥。

自适力是指在跨文化交际中，交际者根据交际情境和交际时间不断地进行自我调节适应并进行有效的交际能力。有研究表明，自适力强的交际者对周遭的环境和对方交际者的行动更敏感，能够迅速捕捉到交际中的可用信息以及交际中适时的变化并调整自己的言行，以尽可能地完成交际任务，达到交际目标。

中立的态度主要指交际者在真诚倾听对方交际者的言语时，能够主动摆脱自己文化带来的思维模式的定式，积极倾听对方的语言和意识，理解对方语言中的文化密码和交际意图。在对话过程中，尽量采用描述性而非评价性和判断性的语言和态度，不以自己的文化价值为标准和依据去评论别人的行为，否则会产生文化偏见而导致民族中心主义。在倾听过程中，尽量不要打断对方，必要时以点头或者眼神等身体语言与对话者示意，最后让对方感到心理愉悦和满足。

社交的从容是指在跨文化交际中不显露焦虑情绪的能力。在跨文化交际中，难免会遇到各种各样的交际困境和交际压力，交际者应具有良好的心理素质，不慌乱、不焦躁，能够摆脱交际困境带来的各种焦虑症状，如流汗、颤抖以及言语不畅等，以比较泰然的心态面对各种交际难题。交际的从容也利于交际者利用以往的交际经验和生活经验，在困境中发挥潜力而急中生智，战胜交际障碍，达成交际共融。

跨文化敏觉力较强的人在与来自不同文化背景的人交流时能更快地适应陌生环境，更有自信心，更能够以客观的态度看待文化冲突，并认真专注地倾听交际对象的交际意图，从而更快速地调整自己去处理交际中出现的挫折，更从容地应对跨文化交际过程中出现的各种障碍，确保交际的顺利进行。

（二）跨文化认知能力

国内知名学者戴晓东在其论著《跨文化交际理论》中，把跨文化交际的第二个层面概括为认知过程，即跨文化意识。戴晓东认为，跨文化能力的认知过程主要涵盖自我意识和文化意识两个方面。自我意识是指交际者自我监控或对自己作为特定文化成员即文化身份的感悟，文化意识是指对影响人们如何思考与交际的文化规约的理解。所谓“跨文化意识”是指对不同民族国家之间的文化现象、文化规约和文化模式等的洞察和理解，对文化之间关系的领悟，并根据所领悟的对方文化特点来调整自己的语言和思维，以及据此产生的跨文化自觉性。跨文化意识的基础和前提是跨语言能力，而跨文化意识是跨语言能力的深度体现和非言语呈示。交际者跨文化意识的形成意味着交际者完成从单一文化认同身份到多重文化认同身份的转变，交际者站在第三文化的高处观照世界各种文化，这样才能在千变万化的文化现象和千差万别的文化语境中应对自如而立于不败之地。

跨文化交际中的认知能力主要涵盖两个方面的内容，即语言能力和文化能力。其实用另外一种表述是，言语交际能力和非言语交际能力（这两种交际方式在本书的第五章和第六章都有比较详尽的论述）。这是因为在跨文化交际中，运用的交际方式包括言语交际和非言语交际两种，其中言语交际正是语言能力的体现，非言语交际能力的高低则建立在交际者对双方文化背景的深刻洞察和理解上，非言语交际中的体态语、环境语、客体语以及副语言等无不包含着丰富的文化信息，交际者只有具备良好的跨文化背景知识，才能很好地处理这些非言语信息，从而进行有效的交际。另外，言语交际中的盲区和误解常常存在，这些正是不同文化背景和文化内部系统迥异所致，非言语交际恰好弥补了言语交际的这种有限性和不足，两者相辅相成，使跨文化交际得以顺利进行，最后达到双方需要的交际效能。

三、跨文化行为能力

跨文化交际能力的第三个基本要素是跨文化行为能力，即跨文化交际的灵巧性，是强调交际者进行有效交际的技巧和能力。根据戴晓东的论述，跨文化交际的灵巧性是指交际者实施交际行为、完成交际目标的能力。跨文化交际的灵巧性涉及言语和非言语信息，它包括信息的传达、自我表露、行为的灵活性、互动的管理以及社交技巧等方面。交际灵巧性是交际能力的一种体现，它反映出交际者怎样调动有限的语言知识进行交际的水平。在跨文化交际中，如果交际者能够灵活有效地运用交际技巧，就会克服语言水平和文化水平的限制，从而达到交际目的。

传递信息的技巧是指交际者根据自己掌握的语言和文化知识，运用合适的交际策略和技巧，熟练地传达交际对方可理解的信息的能力。它要求交际者不仅具有熟练的语言功底和深厚的双文化底蕴，还要求在以往的交际经验中练就良好的信息传达技巧，这样才能尽量避免产生由信息误读和文化误解而导致的交际障碍，保证交际的顺利进行。信息传递的效率与自我表露技巧的高低有着紧密的关系。自我表露就是交际者在面对交际对象时，以恰当的方式向对方坦露自我心意和自我情态。这种表露在特殊的跨文化交际场合被流露和表达出来，具有很强的导向性，而非普通好友或亲人之间的随意表露，因此要谨慎表露、恰当示意，表露方式要显得贴切自然、不做作，要考虑对方的文化背景和语言水平，否则容易引起对方交际者的漠视或反感，甚至形成对交际者不利的刻板印象。同时，自我表露和信息传达的准确与否直接影响交际的有效性。得体的自我表露和准确恰当的信息传达也体现了交际者行为的灵活性。

交际行为的灵活性体现了交际者在各种交际场合中根据交际对象和交际时间不同而随机应变应对交际事务的能力，也体现了交际者交际策略选择的准确与迅速，同时交际灵活性也是交际敏觉力在行动上的体现和延展。有学者指出，高超的交际者能够运用灵活的言语提示，敏锐地捕捉对方的身份，并且适时做出调整，较快与对话者建立起良好的互动关系。

互动的管理是指交际者在交际中对互动局面的把握和控制，即在交际过程中，交际者适当控制交际节奏、说话顺序和交谈主题，适时地启动和结束对话。具有良好互动管理能力的交际者能够调动交际场景中的各个交际对象，把握好会话结构，根据自己和其他交际者的交际需求粗略设计和转换会话主题，不轻易打断别人，并认真倾听他者，最后实现交际者的交际意图，达到交际目标。

四、跨文化交际能力培养的途径

根据我们前面对跨文化交际能力基本要素的区别和分析，可以把跨文化交际能力的培养分为三个层面。第一个层面是在接触和了解他国语言和文化时，不断加强交际者的语言功夫，丰富其文化积累，克服交际过程中易出现的两大障碍，培养交际者的文化敏感性，以提高跨文化交际敏觉力。第二个层面强调对语言和文化的深层认知，增强对他国语言以及背后的隐性文化和价值观的理解，如西方文化价值观中的个性自由和独立竞争等，这些方面的理解和感悟有助于交际者在交际中策略的选择，针对对方文化的异质性以及个人特性，做到有的放矢。第三个层面是培养交际者灵活运用所学语言、文化知识应对和处理跨文化交际中出现的各种交集情景以及突发事件等，这是跨文化交际能力培养的最高层面和最终目标。要达到这一目标，必须培养交际者学以致用的能力，培养他们根据过去对外国相关文化的认知，积极参与跨文化交际实践，锻炼他们处理文化冲突的灵活性。由此可见，从跨文化敏觉力的培养到对语言和文化的深层认知再到跨文化交际实践行为的训练，这三个层面既有一定的递进关系，又相互融会贯通、相辅相成。

（一）培养跨文化敏觉力

关于交际者跨文化敏觉力的培养，首先要做的就是克服两大障碍。因为在跨文化交际的初期总是存在一些交际障碍。其主要障碍之一是刻板印象。这些印象和看法可能是正面的，也可能是负面的。尽管大家都知道刻板印象不可取，但要做到完全避免却不容易。刻板印象忽视个体区别，一旦形成便不易改变。它僵化了交际者的头脑，使交际者不能客观地对待另一种文化，失去交际应有的敏觉力。在观察他国文化时，只注意与自己的刻板印象相符合的现象，而忽略其他更重要的差异信息。它妨碍交际者与不同文化背景的人相处，不利于顺利开展跨文化交际。因此，必须尽量克服由于刻板印象带来的负能量。对教师来说，在文化课上应尽量避免用带有刻板印象的话语，并提醒学生注意普遍文化概念下的个性差别。因为在跨文化交际中交际者首先面对的是交际个体，然后才是其背后的民族文化。不能因为对整个民族的刻板印象而影响了交际者对具体交际对象的判断和决策。跨文化交际中的障碍之二是民族中心主义，即习惯以自己民族的价值观衡量其他文化，从自己的文化角度出发，以自己的评判标准去评价对方交际者。一旦发现与自己的预期不同，就会对对方产生敌对情绪而引起文化冲突。有学者认为，所谓民族中心主义就是按照本族文化的观念和标准去理解和衡量他族文化中的一切，包括人们的行为举止、交际方式、社会习俗、管理模式以及价值观念等。社会中的每个人都无法避开民族中心主义，尽管我们努力克服隐藏在内心深处的民族中心主义，但是我们都成长在一定的文化环境中，文化早已融化进我们的心灵，指导着我们的行动，造成人们在观察别种文化时会不自觉地以自己的是非标准为依据，对于异质文化事物常会做出有失客观的判断。

跨文化认知是指交际者对他国具有独特风格和内涵的文化要素及文化特质等方面的认识和了解，其本质就是学习与把握异国文化。文化认知过程随年龄的增长会不断变化。培养跨文化认知能力不仅包括培养交际者的跨语言交际能力，还包括培养交际者的跨文化交际能力。语言交际与文化交际是不可分割的，语言交际是文化交际的一部分，它为文化交际服务并反映着文化交际。跨语言能力和跨文化能力也是相辅相成的。跨语言能力除了包括对目的国语言的巧妙选择和熟练运用外，更重要的是对语言背后文化的解读和参悟，也就是在语言教学中渗透文化分析，培养学生逐渐深谙他国语言背后与自身语言不同的文化密码，以利于交际语言的选择和交际的顺畅。培养跨文化认知能力首先要加强交际者的语言能力，在跨文化能力培养中，要使语言学习与文化学习齐头并进，在输入语言基础知识的同时，也不忘相关文化知识的输入，从而加强学生对文化差异的熟识、理解和评判，以提高学生对文化差异的敏感性和跨文化意识。语言能力主要体现在用词、句子陈述与主题选择的适当性上。

在跨文化交际语言能力的培养上，首先应该重视的是词汇层面。词汇是语言的基石，也是很多学生学习语言的难点。每种语言的词汇中都蕴含着丰富的文化信息，是该语言中最活跃的成分，也是文化最精密的汇聚点。词汇本身的新陈代谢映射了相关文化的发展信息。因此，教师在单词讲授的过程中，穿插一些跨文化交际知识，既利于培养学生的跨文化交际意识，又让枯燥的词汇学习变得生动有趣。讲解词汇时利用相关的谚语、典故、名句等融入课堂就不失为一种有效的方法。

除了词汇学习以外，句子陈述的跨文化培养也很值得重视，在句子讲解的时候，不但要讲解此种句子的语体风格适合在什么场合下使用，还要分析这种句子适合用在什么身份的交际对象上。句子的语气也是举足轻重的，如请求语气的句子适合于与长辈说话或者请教别人帮忙时，而命令语气的句子则是用在命令下属或者与孩子说话时。如果没有掌握两种句子的区别而把语气用反了，在跨文化交际中就很容易引起不必要的文化冲突。

另外，句子通顺与否、语法是否正确等也是教学中需要注意和训练学生的部分。在语法学习中领悟他国文化。在语法学习过程中，要注意比较外语语法与汉语语法的异同点，不要受汉语思维特点的制约，同时在学习语法结构时，要强调其文化和交际功能。比如，“Lovely day，isn’t it?”只是英美国家的人发起话题的常见语句，实无疑问。“Would you please turn off the light?”不表“问”而是表“请求”。西方人提出的请求常用问句，以示礼貌，倘若长辈对晚辈或熟人之间可用祈使句。

最后，谈话中主题选择的适当性同样不容忽视，这也是对语言应用能力的一个综合性考验。在拥有了词汇层面和句子陈述等方面的跨文化交际基本能力后，交际中的谈话主题是否得当、是否符合交际双方共同的交际需求、是否能引起交际双方的共鸣、是否需要继续深入谈下去还是转换为更有价值的主题，这些都需要学习。教师应在教学中通过具体的教学情景的设置、相关教学视频的播放、适时的训练，引导和鼓励学生在跨文化对话中对谈话主题进行恰当选择和适时转换。

培养跨文化认知能力除了要培养交际者的跨语言认知能力外，还要培养其跨文化认知能力，即跨文化意识。培养跨文化意识的第一步就是要让交际者从观念上消除偏见和歧视，认识到文化没有优劣之分，以平等的心态对待各个国家的文化和人民。培养跨文化意识的第二步就是拓展交际者的跨文化知识和眼界，树立多元文化心态和宽容的文化态度。培养跨文化意识可以通过以下途径来实现：①在语言学习的听说读写译各种技能训练中。首先，通过阅读外文资料感悟外国文化。在阅读中，多了解他国的科技、地理、历史和风俗等，熟悉他们的表达方式和风格，消除因文化知识不足而导致的理解障碍。其次，在外语听力中领悟他国文化。听力材料一般都是模拟的真实对话情景，因而听力训练过程就是一个跨文化意识培养的过程。教师要让学生知道在交际中哪些话题应该避免，如年龄、婚姻、薪水以及家庭住址等私人话题。再次，在听的基础上教师要鼓励学生积极发言，主动参与到跨文化交际活动中，以提高自己在跨文化交际中的表达能力。最后，通过写作提升外国文化知识的内化和运用。在写作中，学生要充分意识到中外文化的差异，让人体会到流畅、地道、连贯的外语文章，从根本上提升跨文化交际的综合能力。②在外语活动中体验外国文化，主动结交各国朋友。例如，参加外语角、学唱外文歌、看影视剧以及编演外语剧等活动。在这些活动中，学生身临其境地体验真实的外国文化，了解他们的风俗文化和民族禁忌。同时，教师应帮助学生分析自己的文化中哪些方面对自己有利、哪些不利，然后再分析目的语文化，分析其中哪些方面我族容易适应，哪些不易适应却易引起文化冲突，从而有意识地改变自己的行为模式，以利于跨文化交际目标的实现。③在各种旅行活动中，主动积极地营造跨文化交际的机会。总之，我们对文化差异了解越多、体验越多，越容易对他国文化采取接受和宽容的态度。同时，移情也有利于培养对文化差异的宽容性，我们一旦能从对方的角度考虑问题，就已经具有很强的跨文化意识了。

（三）培养跨文化行为能力

其实，无论对跨文化敏觉力的培养，还是对跨文化认知能力的培养，最终都是为了使交际者在跨文化交际中能够进行灵活交际，也就是跨文化行为的灵活性，这三者不是彼此截然分开的，而是互相依存的关系。跨文化敏觉力的培养包含跨文化认知能力和跨文化行为能力，而跨文化认知能力的培养中也融入了跨文化行为能力，而跨文化行为能力的培养势必以跨文化敏觉力和认知能力的培养为基础，并且是对这两种能力的一种巩固和融合。

跨文化行为能力，即跨文化行为的灵活性，是跨文化交际能力的核心要素。它首先包括交际者能够根据交际双方的文化背景和个性特点，灵活地调整自己的交际策略和行为，尽量向对方的交际规则靠近（以不违反自己交际原则为前提），减少差距，营造和谐的交际氛围。同时，灵活处理因文化差异而引起的文化冲突，在处理冲突时，交际者要善于运用恰当的语言阐述自己的文化困惑，介绍本族文化行为规范，弄清对方的文化习俗，找出冲突的解决途径，达成共识，完成交际任务。根据美国学者陈国明在《跨文化交际学》中所述，跨文化行为能力包括信息传达技巧、自我表露技巧、行为的灵活性、互动管理以及认同维护技巧等五个方面。当学生学习了跨文化行为能力的五个要素之后，教师分阶段、有层次地组织跨文化实践是培养学生跨文化交际行为能力最有效的途径。

1. 跨文化交际角色扮演

首先，角色扮演是教师在条件有限的情况下，采取的一种跨文化虚拟实践，角色扮演可以分成两人组角色扮演及多人组角色扮演。两人组角色扮演要求两人分别扮演不同文化国的两个具有一定职业身份（或者学生身份）的交际者，模拟一个实际生活或工作场景，设定基本交际流程主线，留出适度自由发挥的空间，完成一定的交际任务。多人组角色扮演除了在交际者人数上有所增加外，还可以分为两个文化国或多个文化国之间的跨文化交际。多个文化国交际背景相对复杂些，因此多人组角色扮演应该在两人组角色扮演训练到一定程度的时候开展，学生能阶段性地增强跨文化行为能力。角色扮演的目的在于让学生经由模拟的过程，面对并尝试解决跨文化交际中可能碰到的问题和障碍，通过信息传递、自我表露、互动管理以及移情等行为的训练，提高跨文化交际行为的技巧，增强跨文化行为能力。这个方法的优点在于把学生从旁观者变成参与者，使他们能够在模拟的跨文化环境里亲身体验另一种或多种跨文化交际。

2. 跨文化交际互动实践

组织本校留学生和受训中国学生进行实际的跨文化交流，布置一定的交际任务，根据交际任务需求提供交际场所，并提醒中国学生注意跨文化交际能力五个方面的技巧，通过见面、认识、交流过程，教师观察学生在交际中的困惑、问题、冲突以及解决问题时学生表现出的焦虑或灵活行为。同时，可以在学生不知晓的情况下把他们的交际行为摄录下来，在课堂上回放，有些交际失误的学生会在观看中意识到，有些需要教师给学生做出讲解，这样一个学期组织几次交际实习，每次针对不同的重点交际问题进行现场交际，学生的实际交际行为能力自然会得到提升，交际行为更加灵活，交际效能会更高。在互动过程中尽量使用描述性、支持性的讯息。描述性的讯息指使用不妄加判断的态度，给对方明确、具体的回馈，支持性的讯息指沟通时同意或支持对方的看法并以点头、注视等动作技巧奖赏对方论点的能力。互动实践的优点是来自异国的交际者比本国角色扮演者能够带来更真实完整的异国文化讯息和行为形态。

中国与世界的跨文化交际日益频繁，除了和跨文化学习者进行一定的跨文化交际实践外，教师和高校还应该多鼓励学生积极参加国际会议或跨国活动，尽可能提供学生相关方面的信息和机会，以增加学生跨文化交际实践的机会，让学生在实践中去体验和认知文化差异，进一步有效提高自身处理文化差异的灵活性。这些建议的实施必然能促成学生的跨文化交际能力和综合文化素质的实质性提升。

跨文化交际能力的形成有其阶段性、层次性，因此跨文化交际能力的培养也不是一蹴而就的，而是由表及里、由浅入深，不断发展、深化的过程。教师要针对不同层次设计不同的教学方法和侧重点。

参考文献

[1]赵艳.跨文化交际与英语思维教学研究[M].长春：吉林大学出版社，2018.

[2]马晓莹.跨文化交际理论与实践研究[M].石家庄：河北科学技术出版社，2013.

[3]张爱琳.跨文化交际[M].重庆：重庆大学出版社，2008.

[4]胡文仲.文化与交际[M].北京：外语教学与研究出版社，1994.

[5]刘明阁.跨文化交际中汉英语言文化比较研究[M].开封：河南大学出版社，2009.

[6]孙有中.跨文化研究前沿[M].北京：外语教学与研究出版社，2010.

[7]高桂莲.以跨文化交际为目的的英汉比较与翻译[M].北京：外语教学与研究出版社，2009.

[8]伍先禄.跨文化修养专论[M].北京：中国商务出版社，2008.

[9]刘荣，廖思湄.跨文化交际[M].重庆：重庆大学出版社，2015.

[10]祖晓梅.跨文化交际[M].北京：外语教学与研究出版社，2015.

[11]贾玉新，陈国明.跨文化交际研究[M].北京：高等教育出版社，2009.

[12]夏康明，代礼胜.汉译英理论与实践：跨文化视角下的汉英翻译研究[M].成都：四川大学出版社，2014.

[13]冯艳昌.语言·跨文化交际·翻译[M].北京：中央编译出版社，2012.

[14]安晓宇.跨文化视野下的英汉翻译教学研究[M].北京：中国水利水电出版社，2015.

[15]张力群.翻译与跨文化交际[M].北京：对外经济贸易大学出版社，2013.

[16]贾玉新.跨文化交际理论探讨与实践[M].上海：上海外语教育出版社，2012.

[17]顾宝珠，黄子辉，廉勇.跨文化交际翻译[J].承德石油高等专科学校学报，2015，17（3）：72—74.

[18]王芳.跨文化交际翻译中的文化负迁移[J].辽宁医学院学报（社会科学版），2015，13（1）：125—127.

[19]王鹏.探究跨文化交际翻译中的差异与融合[J].校园英语，2017（11）：238.